U0616522

绿色公路概论

王朝辉　陈小薇　主　编

西南交通大学出版社
·成都·

图书在版编目（ＣＩＰ）数据

绿色公路概论／王朝辉，陈小薇主编.－－ 成都 ：
西南交通大学出版社，2023.12
ISBN 978-7-5643-9514-8

Ⅰ．①绿… Ⅱ．①王… ②陈… Ⅲ.①道路建设－无
污染技术－概论－中国 Ⅳ.①U41

中国国家版本馆 CIP 数据核字（2023）第 183600 号

Lüse Gonglu Gailun

绿色公路概论

王朝辉　陈小薇　主编

责 任 编 辑	杨　勇
封 面 设 计	吴　兵
出 版 发 行	西南交通大学出版社
	（四川省成都市金牛区二环路北一段 111 号
	西南交通大学创新大厦 21 楼）
营销部电话	028-87600564　028-87600533
邮 政 编 码	610031
网　　　址	http://www.xnjdcbs.com
印　　　刷	四川煤田地质制图印务有限责任公司
成 品 尺 寸	185 mm × 260 mm
印　　　张	13.75
字　　　数	275 千
版　　　次	2023 年 12 月第 1 版
印　　　次	2023 年 12 月第 1 次
书　　　号	ISBN 978-7-5643-9514-8
定　　　价	42.00 元

党的二十大报告提出要推进美丽中国建设，推动绿色发展。交通运输作为国民经济与社会发展的大动脉，美丽中国建设中不可或缺的一环，其"美丽"和"绿色"与否将直接影响现代中国建设成效。2021年2月，中共中央、国务院颁布《国家综合立体交通网规划纲要》，提出交通运输要注重创新驱动和智慧发展，突出绿色发展，到2035年基本建成便捷顺畅、经济高效、绿色集约、智能先进、安全可靠的现代化高质量国家综合立体交通网，为今后的交通运输行业发展指明了方向。

公路交通作为综合立体交通体系中的基础，绿色发展责任重大。截至2020年年底，我国高速公路通车里程已达16.10万千米，位居世界第一。庞大的公路交通运输体系一方面带来了经济效益与生活便利，但另一方面其建设、运营与养护过程也带来了难以忽视的生态破坏与碳排放问题。基于此，以创新、协调、绿色、开放、共享为发展理念的绿色公路应运而生。具有低消耗、低排放、低污染、高效能、高效率、高效益等特点的绿色公路，可有效减少公路建管养过程所带来的生态破坏与能源消耗问题，同时以道路端带动车辆端可实现公路交通运输体系的碳达峰与碳中和，促进公路交通运输体系的高质量发展。

为加快绿色公路建设，推动交通运输行业生态文明体制改革，助力碳达峰与碳中和，交通运输部先后发布多项政策方针，鼓励、引导公路建设与运营等全过程的绿色、低碳、智能化，先后开展以广中江高速为代表的绿色低碳公路主题性试点项目，以延崇高速为代表的绿色公路建设典型示范工程等项目，通过绿色公路示范工程建设的以点带面，推动绿色公路相关法规标准和制度政策不断完善，建设理念逐渐丰富，建设水平日益提高，评估技术愈发成熟。

本书较为系统地梳理了绿色公路政策、理念、建设与评估技术发展历程。全书共5章：第1章为绪论，分析了绿色公路建设的社会需求，梳理了历年来绿色公路建设的支撑政策，介绍了绿色公路建设的战略需求；第2章为绿色公路理念，归纳了绿色公路理论基础，梳理汇总了国内外学者对绿色公路概念的认识，分析了绿色公路的内涵与特征，总结了绿色公路实践要点；第3章为绿色公路建设现状，全面梳理并分析了国内外绿色公路建设概况，并提出我国绿色公路建设建议；第4章为绿色公路建设案例，选取了绿色公路建设典型示范工程项目中3项具有代表性的项目，总结了绿色公路建设实践经验与成效；第5章为绿色公路评估技术，全面梳理了国内外绿色公路评价体系发展历程，阐释了我国现行绿色公路评估标准并给出绿色公路评估案例。此外，本书在附录部分提供了中国绿色公路主要政策文件。

本书在编撰过程中得到了众多专家学者、同行的大力支持。张正一、高志伟、陈森、曹红运、贾小东、黄帅等在调研过程中开展了大量工作，并参与了本书的编写。在此向他们表示衷心的感谢。

绿色公路是一个综合性系统工程，涉及内容庞杂，且正处于高速发展阶段，相关理念及建设技术等不断升华外延，加之作者水平有限，书中难免存在疏漏和不足，恳请广大读者批评指正，以便今后进一步修改完善。

编　者

2022 年 10 月

CONTENTS
目　录

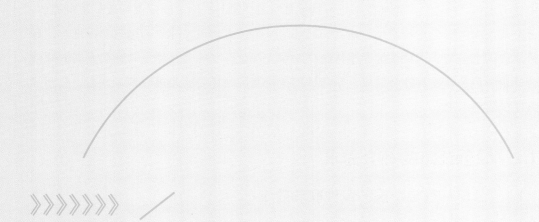

第 1 章　绪　论

交通运输关乎国民经济命脉，是推动经济社会发展的"先行官"。公路运输是交通行业的重要运输方式，也是国家能源消耗、碳排放的主体来源之一。作为一种高资源依赖性、高环境影响的运输方式，公路运输在国家生态文明建设、"五位一体"总体布局发展建设过程中如何更加"绿色"、更加生态与可持续性化备受瞩目。国家制定系列政策积极提倡、引导公路建设面向绿色与智慧化，地方交通部门结合地方建设实际贯彻绿色建设理念，绿色公路建设需求迫切。本章系统介绍传统公路建设现状，明确公路建设与社会发展的联动效应，分析绿色公路建设社会需求，全面梳理探析我国绿色公路建设政策及理念，介绍绿色公路建设战略需求。

1.1 绿色公路的社会需求

1.1.1 公路与社会发展的良性联动效应

1. 公路对社会发展的支撑

公路交通既是综合交通运输体系的重要组成部分，也是实现交通强国及民族复兴的必要条件，公路交通建设转型升级对我国各个行业良性发展均起促进作用，主要体现在以下几个方面。

1）公路交通促进交通运输业蓬勃发展

我国公路根据交通量、使用任务和性质，主要划分为高速公路、一级公路、二级公路、三级公路和四级公路，截至 2022 年 4 月，我国公路总里程为 528 万千米，公路密度达到 55 /km/100 km^2。随着我国公路建设投资不断加大，公路体量得以不断增加完善，现阶段我国省际、市际、县际公路建设完善，农村公路建设基本完成，公路通达深度和畅通能力极大地促进了交通运输业的发展。

2）公路交通拉动农业、制造业健康发展

农业、生产制造业需通过强大交通运输网，才能最终实现产品的价值，因此，这两个行业对交通运输业具有很强的依赖性。农产品往往有一定时效性，发达的路网交通，可缩短农产品的运输时间，保证其质量；而完善的公路运输体系，可实现对生产制造业商品和原材料的快速运输，大幅缩短产品的生产周期，提高企业的收益，公路运输对促进农业和生产制造业的发展起着不容忽视的作用。

3）公路交通为旅游业、物流业发展提供发展契机

旅游业、物流业在我国均属于新兴行业，但是其发展势头与潜力巨大，完善的路网交

通为旅游业、物流业的蓬勃发展提供了条件。公路交通在不破坏自然景观的前提下，对公路两侧景观有极大的开发展示效果，从而带动旅游业的发展；发达的公路路网能够缩短物流运输距离、降低物流运输成本，实现"人便于行，物畅其流"的运输目标。

4）公路交通活化地方经济

完善的公路基础设施能够打破固有的区域经济格局，促进地方经济的迅速发展。首先，公路建设加强了地区之间的联系，降低了企业合作成本，使企业之间的经济活动也更加密切，在促进企业发展的同时，为人们创造了更多就业机会；其次，完善的公路体系为地区产业的发展提供了更多的机会，从而实现产业的开发利用与优化升级，促进地区经济发展。

2. 社会发展对公路的促进

1）社会发展促进公路建设理念不断升华

20 世纪 80 年代之前，我国公路建设主要强调扩大公路体量；80 年代后期到 90 年代中期，在公路体量不断增加的基础上，为了满足人们对公路绿化的需求，提出了建设林荫大道的理念；90 年代后期到 21 世纪中期，为了持续改善行车环境，落实建设道路两侧秀美景观的举措，在林荫大道的前提下，提出了建设绿色通道、生态环保道路的理念；"十二五"期间，在不断强化环保理念的前提下，提出了建设节能低碳公路的理念；"十三五"期间，为了实现公路健康可持续发展、提升交通智能化水平，提出了绿色公路、智能交通的发展理念。公路建设理念的不断丰富和提升，使公路建设逐步向资源节约、生态环保、节能高效、科技创新、服务提升统筹发展；"十四五"期间，为构建生态文明体系，贯彻可持续发展战略，推动经济社会发展全面绿色转型，积极应对环境气候变化，提出能源清洁低碳安全高效利用，深入推进工业、建筑、交通运输等领域低碳转型，推动公路建设面向节能低碳与资源能源梯级利用发展。

2）社会发展促进公路建设技术、工艺、材料不断创新

创新性的技术工艺能够为公路发展提供充足动力，现阶段我国公路的创新性实践主要集中在新技术、新工艺和新材料三方面，如：建筑信息模型技术（BIM），能够对公路全生命周期建设过程进行高效设计、可视化模拟，有力促进了工程信息高效共享和无损传递；新能源技术，如采用太阳能、发电路面、风能及地源热泵、蓝色能源等新型供能技术，能够实现清洁能源技术在公路工程中的匹配应用；材料循环利用，城市建筑固体废弃物，如旧路面材料再生利用，采用粉煤灰、煤矸石、矿渣及隧道弃渣等替代部分筑路材料，有利于材料资源的可持续循环利用；新型功能材料，如降温路面材料、尾气净化路面材料、自愈合路面材料等，拓宽了公路的使用功能，有利于促进公路的多元化发展。伴随我国经济社会建设不断向前，我国公路的建设技术与工艺将面向更加多元化创新发展。

3）社会发展促进公路品质不断提升

公路品质提升对于交通出行质量意义重大，建设高水平公路，必须有良好的公路品质进行保障，高品质公路建设不仅要求工程实体、功能与外观质量优异，还需为交通参与人提供良好安全的出行服务。现阶段我国居民的生活水平不断提高，公路工程品质、服务水平正随着人们的需求逐步提高。公路建设从最初的满足通畅顺达，逐渐过渡到以质量优良为前提，科技创新、服务提升全方位并重的高品质绿色公路。

1.1.2 传统公路工程建设存在的问题

传统公路工程建设以数量为主导，其建设模式对资源依赖性强、能源消耗量大，资源可持续性低，对生态环境也产生了一定的负面效应，传统公路工程建设模式的弊端主要体现在生态环境、资源、人文等方面。

1. 对生态环境的影响

生态环境是人类和其他生物生存的载体，而传统高速公路建设对生态环境的保护有所欠缺，在建设过程中对生态环境造成了诸多不良影响，如大气污染、气候改变、噪声污染、景观破坏、地质与水文影响等。

1）大气污染

传统公路在建设过程中，对大气的污染主要包括扬尘、沥青烟、尾气等（如图1-1、1-2）。扬尘不仅会严重影响施工路段沿线居民的生产生活环境，且大气中飞扬的细微颗粒和烟粒易造成沙尘暴、扬沙、浮尘等不良天气现象；沥青路面施工过程中会产生大量的沥青烟，沥青烟的成分以颗粒物、氮氧化物为主，对空气造成污染，且具有强烈的刺激作用，对人体皮肤和呼吸系统有致癌作用；大型施工机械工作能产生大量的尾气，其主要成分为二氧化硫、一氧化碳、铅等，除直接危害人体健康外，当达到一定浓度时还将容易导致"酸雨"的发生，造成土壤和水源酸化，影响农作物生长。

图1-1 公路建设扬尘

图1-2 沥青浓烟

2）气候改变

传统公路铺筑过程中所用材料，如普通沥青、水泥、砌块等，具有吸热多、热容量小、反射率大、蒸发耗热小等特点，气温升高时，其热量无法及时散失，热量随着时间不断地积累，并通过热辐射使周围环境气温升高，形成热岛效应，引发公路沿线气候的破坏、失稳，造成大量动植物死亡，动植物生态链受到影响。

3）噪声污染

高速公路的噪声污染主要存在于施工及运营阶段。施工阶段的噪声主要来源于施工车辆及爆破，施工过程中突发性、非稳态的噪声，会对动物的生长繁殖造成诸如内分泌失调、免疫系统紊乱、神经系统损伤等不利影响；运营期间的噪声主要来源于发动机及轮胎与地面产生的气爆效应，噪声分布范围连续无规律且噪声源时常处于流动变化状态，不仅会对动植物产生损害，对公路周围的学校、医院等噪声敏感区也会造成较大的影响。

4）景观破坏

传统公路在建设过程中取土填筑路堤、开挖岗丘对公路周围环境因素考虑较少，高速公路穿越原始山林时很多长势良好的原始植被大幅度破坏，对原有的自然景观造成了极大干扰。公路作为人工构筑物，在形态、线性、色彩、质感等方面易与周围自然景观产生冲突，而传统公路忽视了公路与周围景观的融合，致使公路建设割裂了生态板块，打断了生态廊道，破坏了原有基质。

5）地质与水文的影响

公路建设对当地地质环境与水文条件不可避免地会产生影响，传统公路建设不合理填方挖方易导致地表环境改变，开挖隧道极易引起山体失稳，产生滑塌、不稳定土层滑动等地质灾害，进而导致土体裸露、含水量降低、土质疏松等地质问题。同时，传统公路施工对当地水文保护不足，易破坏当地排水与水利设施，造成雨季局部地区蓄水，影响地表水系分布。

2. 对资源的影响

自然资源是人类赖以生存的物质条件，现阶段资源枯竭问题日益突显，节约自然资源备受各行各业的关注，而传统公路建设过程中对土地资源、矿产资源、水资源、生物资源等均产生了不同程度的影响。

1）土地资源

传统公路建设过程中，由于对土地资源的不合理利用，岩土发生移动、变形和破坏，增加了地质脆弱边坡的不稳定性。地表植被被破坏，公路沿线土壤失去植被保护后受到侵蚀，使土质劣化发生水土流失。对路表有害污染物处理的滞后性，使污染物渗入土壤，对沿线土地造成污染，植物、农田枯萎、死亡。

2）矿产资源

传统公路建设过程中对矿产资源的利用率较低，浪费现象较为普遍。传统的旧路改建过程中，大量的优质可回收再利用集料类材料被废弃。隧道建设过程中，固有土体资源未经存储利用直接被弃方。煤矸石、钢渣、电石渣、高炉矿渣等固废资源高值化与资源化利用较为薄弱。

3）水资源

传统公路建设使用过程中对水资源、自然水利形态造成的不良影响主要包括以下几方面：① 公路建设中的各种结构物、路基的深挖高填阻隔湖泊、水库等对地表径流的汇集；② 流径路面的地表径流污染饮用水体和养殖水体；③ 排水、渗水等构造物对地下水造成污染；④ 在途经瀑布、温泉等特殊水体时，由于处理不当使其失去固有特性；⑤ 公路在跨越溪、河、沟等时，引起其水流方向、水流速度的改变；⑥ 施工中的弃土改变河床结构甚至堵塞河流；⑦ 运营后的汽车废气对公路两侧的水体产生污染。如图 1-3、1-4 所示。

图 1-3　公路建设污染河道

图 1-4　公路建设迫使河流改向

4）生物资源

传统公路对生物群落的影响既有直接影响也有间接影响。公路不合理占地掠夺了生物的栖居场所，将原有生境一分为二，使种群之间交流减少，生物多样性降低。在山区，修建公路产生的废料、废渣不经处理，直接倾入沿线溪谷，占据了动物的栖息和繁殖场所，使水生生物繁殖机能减退、疾病增多、抗病能力下降、幼体不能发育，从而使水生动物种类减少。此外，道路的接近效应是公路对生物群落产生间接影响的原因之一，公路为外来物种提供入侵条件，影响生态系统原有平衡。公路污染物通过食物链进入生态系统，在食物链顶端产生富积，为疾病传输提供通道等。如图 1-5、1-6 所示。

3. 对人文的影响

公路建设的主要目标是实现人、公路、自然的和谐共存，而传统公路建设往往忽略了对公路沿线人文的考虑。譬如：① 路线设置不合理，破坏了道路沿线居民生产、生活空间

图 1-5　公路阻断生物移动廊道

图 1-6　公路惊扰生物栖息地

的完整性，对居民的生活造成了诸多不便；② 建设过程不规范，致使公路附近的文化遗产遭到损坏；③ 在公路景观设计中未体现区域多元文化、风土人情，未实现公路对人文、文化的传播功能。

　　综上，我国传统公路建设过程中，对公路两侧的人文、环境污染和能源资源浪费等问题鲜有考虑，对沿线路域生态环境、人文水文以及沿线居民的生产生活质量造成了负面影响，且公路建设破坏了自然景观的整体性，与我国可持续发展理念、生态环保理念大相径庭，因此，公路建设模式转型升级是大势所趋，采用更加科学、合理、绿色的新型公路建设理念指导公路建设显得尤为重要。

1.2　绿色公路的战略需求

1.2.1　公路可持续性战略的初步认识

　　新中国成立后，我国公路建设进入了逐渐现代化的时期，第一次有了相对完善的路网体系，有效引导了中央和地方公路建设投资方向，为集中建设国家干线公路奠定了基础 。然而直至改革开放前，我国公路发展较为缓慢，经济干线建设较为滞后。

　　改革开放激活并带动我国经济蓬勃发展，公路交通作为改革开放的参与者与推动者，始终将自身发展与国家前途紧密相连。然而在公路建设初期，土地占用量大，湿地、林地、自然保护区等环境敏感地区破坏严重，环境保护意识缺乏与资源利用率低等问题彰显。

　　基于上述问题，国家及交通行业部门制定系列政策规范公路工程建设。国务院在 1981 年印发的《关于在国民经济调整时期加强环境保护工作的决定》中强调，制止对自然环境，由其是对水土资源和森林资源的破坏，搞好自然保护区的建设，停止布局不合理、环境污染严重的工程建设，这一政策文件积极推进了公路及其他建设行业环境保护工作进程；1983 年，国务院宣布将环境保护作为我国的基本国策之一；1989 年，我国颁布《中华人民共和国环境保护法》，将环境保护纳入法制化轨道；1992年，中共中央、国务院颁布《中国环境与发展十大对策》，加强环境监督管理，实行（可）持续发展战略；1994年，国务院批准《中国21世纪议程》，将能源节约、环境保护与可持续发展规划至包括公路在内的各行各业；1997年《中华人民共和国节约能源法》颁布执行。

在国家政策法规及行业规范的推动下，公路建设进一步面向能源节约、环境保护以及绿色化建设，但鉴于当时国情，此阶段的公路工程建设更多关注公路基建体量，重点表现为公路里程及数量急剧增加，对于环境、能源及可持续性发展考虑较为欠缺。

1.2.2　资源节约与环境友好型公路建设

步入新世纪，我国进入全面小康社会建设时期，社会主义现代化建设全面推进，公路建设迎来新的契机与挑战。针对改革开放以来公路建设表现出来的诸多难题与弊端，我国政府提出全面深化交通运输改革，交通行业各级部门积极响应。2001年，交通部颁布《公路水路交通"十五"发展计划》，首次提及公路建设可持续发展理念，积极推进绿色通道工程建设，在此理念的引导下，四川省建设了我国第一条协调环境的示范公路——川九路；之后交通部又在公路建设耕地保护、公路勘察设计理念方面推陈出新，交通事业全面向前，2004年，交通部组织召开全国公路勘察设计工作会议，提出"六个坚持，六个树立"的公路勘察设计新理念，即"坚持以人为本，树立安全至上的理念"、"坚持人与自然相和谐，树立尊重自然、保护环境的理念"、"坚持可持续发展，树立节约资源的理念"、"坚持质量第一，树立让公众满意的理念"、"坚持合理选用技术指标，树立设计创作的理念"、"坚持系统论的思想，树立全寿命周期成本的理念"，得到了公路行业勘察、设计、建设、管理单位的广泛认同和贯彻落实，极大地提升了公路设计理念与设计水平；2005年，交通行业积极响应国家科学发展观战略思想，交通部颁布《交通行业树立和落实科学发展观指导意见》，指示我国交通运输发展由粗放型向集约型转变，坚持"交通安全型、质量效益型、资源节约型、环境友好型"交通可持续发展之路；2006年，交通部针对交通基建耗能严重问题，提出《建设节约型交通指导意见》，要求树立全寿命周期成本理念，在资源合理使用的同时，以土地、能源、建筑材料等为核心，以显示集约型增长为内在要求，以低投入、低消耗、低排放、高效率为外在特征，建设节约交通，倡导绿色交通，合理开发、节约和集约使用资源；为全面贯彻落实国务院《关于加强节能工作的决定》精神，同年，交通部印发《关于交通行业全面贯彻落实国务院关于加强节能工作的决定的指导意见》，提出努力建设资源节约型、环境友好型行业，使交通事业切实转入全面协调可持续发展的轨道；为进一步落实节约资源、保护环境的基本国策，交通运输部于2008年相继发布《交通运输行业公路水路环境监测管理办法》、《公路、水路交通实施〈中华人民共和国节约能源法〉办法》，加强和规范交通运输行业公路、水路环境监测工作，促进公路、水路交通节约能源，提高能源利用效率，以进一步提高交通运输行业环境保护与能源节约管理水平，并于同年发布《公路水路交通节能中长期规划纲要》，明确提出不同时间节点公路水路交通节能目标、主要任务、重点工程和保障措施；为贯彻落实《公路水路交通节能中长期规划纲要》，2009 年交通运输部印发《资源节约型环境友好型公路水运发展政策》，指导公路水路交通行业调整产业结构、转变发展方式，加快构建资源节约型、环境友好型交通运输行业，不断提高"三个服务"的能力与水平，推进公路水运产业链与发展方式现代化。

2011 年，我国制定"十二五"规划纲要，社会建设面向资源节约型、环境友好型，公路交通建设理念进一步提升。同年，交通运输部相继印发《建设低碳交通运输体系指导意见》、《交通运输"十二五"发展规划》，明确指出交通建设绿色化，以节能减排为重点，建立以低碳为特征的交通发展模式，提高资源利用效率，加强生态保护和污染治理，构建绿色交通运输体系，走资源节约、环境友好的发展道路，并出台《公路水路交通运输节能减排"十二五"规划》、《公路水路交通运输环境保护"十二五"规划》等绿色交通专项文件，明确"十二五"期间交通运输节能减排目标及任务，促进能源消费结构优化升级，保障落实交通运输环境保护思想；2012 年，交通运输部颁布《关于加快推进公路路面材料循环利用工作的指导意见》，全面提升路面材料循环利用率，加速推进公路交通节能减排进程。

此阶段，伴随我国经济增长及社会生产力提升，对公路交通发展及建设理念进行深入探索，提出树立绿色低碳发展理念，推进资源节约型、环境友好型公路交通建设，加快建立以低碳为特征的交通运输体系，强化节能减排、资源节约，促进路面材料循环利用，加强生态与环境保护，公路建设朝向绿色化发展。

1.2.3　美丽中国理念推动绿色公路建设现代化

在我国深化改革开放，加快转变经济社会发展方式的重大时刻，党站在时代的高度审时度势，于 2012 年召开党的十八大，大会提出要把生态文明建设放在突出地位，融入经济建设、政治建设、文化建设、社会建设各方面和全过程，努力建设美丽中国，实现中华民族永续发展。党的十八届五中全会进一步提出"创新、协调、绿色、开放、共享"的发展理念，推动绿色发展切实贯彻至各行业。2013 年，交通运输部颁布《加快推进绿色循环低碳交通运输发展指导意见》，通过试点示范和专项行动加快推进绿色循环低碳交通基础设施建设、节能环保运输装备应用、集约高效运输组织体系建设、科技创新与信息化建设、行业监管能力，将生态文明建设融入交通运输发展的各方面与全过程，实现交通运输绿色发展、循环发展、低碳发展；同年 9 月，交通运输部颁布《关于科技创兴推动交通运输转型升级的指导意见》，提出把科技创新摆在交通运输现代化建设全局的突出位置，加快提升科技创新能力，推动交通运输转型升级，促进绿色循环低碳交通运输发展；同年年底，交通运输部部长在全国交通运输工作会议提出要加快推进综合交通、智慧交通、绿色交通、平安交通等"四个交通"建设，综合交通是核心，智慧交通是引领，绿色交通是导向，平安交通是基础，"四个交通"协调建设，实现交通运输持续健康发展。2014年，国务院发布《2014—2015年节能减排低碳发展行动方案的通知》，提出大力推进产业结构挑战，加快建设节能减排降碳工程，狠抓交通运输等重点领域节能降碳；同年交通运输部颁布《关于交通行业贯彻落实〈2014—2015年节能减排低碳发展行动方案〉的实施意见》，提出到2015年交通运输能源利用效率显著提高，用能结构得到改善，交通环境污染得到有效控制，二氧化碳排放强度明显降低，绿色交通发展取得显著成效的工作目标；随后交通运输部发布《创建绿色公路实施方案编制指南》和《绿色循环低碳公路考核评价指标体系（试行）》，推动各地开展绿色公路主题性项目建设，为绿色公路工程建设及评估指标制订积累了宝贵的经验。2015年交通运输部部长在全国交通运输工作会议提出要突出创新驱动，提升交通运输信息化智能化水平，坚持走绿色低碳循环之路，促进交通运输可持续发展。

在我国全面建成小康社会决胜阶段，党深入洞察国内国际形势与条件，制定"十三五"规划纲要，提出加快完善安全高效、智能绿色、互联互通的现代基础设施网络的目标，完善现代综合交通运输体系，推动运输服务绿色低碳智能安全发展，绿色公路建设开启新的征程。2016年，交通运输部印发《交通运输科技"十三五"发展规划》，提出要围绕服务国家重大战略，聚焦"四个交通"发展方向，以完善交通运输科技创新体系为主线，以智慧交通为主战场，推进创新能力建设，更好发挥科技创新对建设世界交通强国的支撑引领作用，并提出到2020年基本建成安全、便捷、高效、绿色的现代综合交通运输体系的发展目标；同年6月交通运输部印发《交通运输节能环保"十三五"发展规划》，明确提出"十三五"期间交通运输节能环保工作目标及任务，部署推进以节能环保作为转变交通运输发展方式的重要抓手，充分发挥绿色交通对交通运输现代化的引领作用；7月，交通运输部印发《关于推进公路钢结构桥梁建设的指导意见》，部署推进公路钢结构桥梁建设，以推进公路建设转型升级，提升公路桥梁品质，充分发挥钢结构桥梁性能优势；8月，交通运输部印发《关于实施绿色公路建设的指导意见》，提出到2020年，绿色公路建设标准和评估体系基本建立，绿色公路建设理念深入人心，建成一批绿色公路示范工程，形成一套可复制、可推广的经验，行业推动和示范效果显著，绿色公路建设取得明显进展的建设目标，《指导意见》提出要落实"统筹资源利用，实现集约节约"、"加强生态保护，注重自然和谐"、"着眼周期成本，强化建养并重"、"实施创新驱动，实现科学高效"、"完善标准规范，推动示范引领"绿色公路建设五大任务，重点开展"零弃方、少借方"、

"改扩建工程绿色升级"、"建筑信息模型（BIM）新技术"、"绿色服务区建设"、"扩展公路旅游功能"等专项行动，并先后开展了三批绿色公路建设典型示范工程项目，对绿色公路建设形成示范引领作用，推动绿色公路发展。2017 年初，交通运输部颁布《绿色交通标准体系（2016 年）》，对交通运输节能减排、生态保护污染防治、资源循环利用等方面标准化，为交通管理部门科学规范管理提供依据；同年交通运输部印发《推进交通运输生态文明建设实施方案》，提出到 2020 年，交通运输行业生态文明建设各方面工作取得显著进展，交通运输结构显著优化，交通基础设施绿色建设和运营技术全面推广，土地、岸线等资源节约集约利用，清洁运输水平显著提高，行业绿色发展水平与全面建成小康社会的发展要求基本适应。

党的十八以来，在党中央的领导及各项政策的规范引领下，我国绿色公路建设成效显著，行业先导作用明显，经过生态公路、低碳公路、绿色低碳公路等过程的探索，已逐渐发展符合我国实际、具有中国特色的绿色公路。绿色公路在其发展过程中融入空间资源合理布局、能源消费与碳排放降低、节约集约化、生态环境保护等因素，建设过程深入贯彻国家新发展理念，公路品质与运输效率显著提升，安全、智能、美观要素等统筹纳入，建立了一批以广东港珠澳大桥、陕西黄延高速公路、云南麻昭高速公路等为代表的绿色低碳公路主题性示范项目，形成了一批以广吉高速公路、长益高速公路扩容工程、武易高速公路等为代表的绿色公路建设典型示范工程。

1.2.4　社会主义新时代引领绿色公路全方位高质量发展

2017 年下旬，在全面建成小康社会决胜阶段、中国特色社会主义进入新时代的关键时期，党召开第十九次全国代表大会，提出必须坚持节约优先、保护优先、自然恢复为主的方针，形成节约资源和保护环境的空间格局、产业结构、生产方式、生活方式，还自然以宁静、和谐、美丽，牢固树立社会主义生态文明观，加快生态文明体制改革，建设美丽中国。基于此，交通运输部发布《关于全面深入推进绿色交通发展的意见》，指出我国绿色交通发展目标为，2020 年初步建成布局科学、生态友好、清洁低碳、集约高效的绿色交通运输体系，绿色交通重点领域建设取得显著进展，2035 年，绿色交通发展总体适应交通强国建设要求，有效支撑国家生态环境根本好转、美丽中国目标基本实现；并提出全面推进实施绿色交通发展七大工程和构建绿色交通发展三大制度保障体系，全面引领提升交通基础设施、运输装备和运输组织的绿色水平，推动行业全方位、全地域、全过程建设交通运输生态文明，促进交通发展方式转变、交通运输结构优化、绿色出行模式推广，形成交通运输绿色发展长效机制和良好局面。

2018 年，交通运输部发布《农村公路建设管理办法》，加强和规范农村公路建设管理，严格生态环境保护，扶持和促进农村公路绿色可持续发展，农村公路绿色化建设逐步推进，为我国农村脱贫注射新动力；同年 6 月，中共中央、国务院发布《关于全面加强生态环境保护 坚决打好污染防治攻坚战的意见》，指出到 2020 年生态环境质量总体改善，主要污染物排放总量大幅减少，环境风险得到有效管控，生态环境保护水平同全面建成小康社会目标相适应，通过加快构建生态文明体系，确保到 2035 年节约资源和保护生态环境的空间格局、产业结构、生产方式、生活方式总体形成，生态环境质量实现根本好转，美丽中国目标基本实现，到本世纪中叶，生态文明全面提升，实现生态环境领域国家治理体系和治理能力现代化。为积极响应国家生态环境保护及污染防治的相关指导意见，交通运输部颁布《关于全面加强生态环境保护坚决打好污染防治攻坚战的实施意见》，提出全面推进绿色交通基础设施建设，将绿色发展理念贯穿于交通基础设施规划、设计、建设、运营和养护全过程，通过土地节约、材料节约及再生循环利用、生态环境保护等举措，积极推进绿色铁路、绿色机场、绿色公路、绿色航道、绿色港口建设等全面协调开展。

在决胜全面建成小康社会交通建设任务和"十三五"现代综合交通运输体系发展规划各项任务的收尾阶段，中共中央、国务院立足国情，着眼全局，放眼未来，于 2019 年颁布《交通强国建设纲要》，提出在 2020 年完成各项交通规划建设任务基础之上，第一个 15 年完成交通强国基本建设，智能、平安、绿色、共享交通发展水平明显提高，基本实现交通治理体系与治理能力现代化；在第二个 15 年全面完成交通强国建设，基础设施规模质量、技术装备、科技创新能力、智能化与绿色化水平位居世界前列，全面服务和保障社会主义现代化强国建设。

2020 年，我国如期实现全面小康社会建设，农村脱贫攻坚建设成果丰硕，社会主义现代化建设及中华民族伟大复兴迎来新的曙光，我国绿色公路建设也迈出新的步伐，踏向新的台阶。交通运输部印发《关于推动交通运输领域新型基础设施建设的指导意见》，提出以促进交通运输效能、扩功能、增动能为导向，推动交通基础设施数字转型、智能升级，建设便捷顺畅、经济高效、绿色集约、智能先进、安全可靠的交通运输领域新型基础设施，公路绿色集约化建设进一步加强。同年年底，全国交通运输工作会议强调要以新发展理念为指引实践构建新发展格局，锚定二〇三五年远景目标，谋篇布局"十四五"发展，强化创新驱动引领，落实扩大内需战略，构建现代物流体系，推动区域城乡交通运输协调融合发展，持续建设人民满意交通，全面深化改革、扩大开放，坚持以系统观念统筹推进加快建设交通强国。

2021 年 1 月，交通运输部发布《关于巩固拓展交通运输脱贫攻坚成果全面推进乡村振兴的实施意见》，提出将资源节约、环境保护理念贯穿到农村交通发展的各领域各环节，最大限度保护重要生态功能区，加强永久基本农田保护，因地制宜选择新技术、新工艺、新材料、新设备，建设与生态环境相适宜的农村交通，推进绿色公路发展。2 月，中共中央、国务院颁布《国家综合立体交通网规划纲要》，提出国家综合立体交通网必须突出创新的核心地位，注重交通运输创新驱动和智慧发展，突出绿色发展，注重国土空间开发和生态环境保护，加快推进绿色低碳发展，注重生态环境保护修复，促进交通与自然和谐发展，到 2035 年基本建成便捷顺畅、经济高效、绿色集约、智能先进、安全可靠的现代化高质量国家综合立体交通网。同月，国务院印发《关于加快建立健全绿色低碳循环发展经济体系的指导意见》，指出建立健全绿色低碳循环发展经济体系，促进经济社会发展全面绿色转型，是解决我国资源环境生态问题的基础之策，要全方位全过程推行绿色规划、绿色设计、绿色投资、绿色建设、绿色生产、绿色流通、绿色生活、绿色消费，加快基础设施绿色升级，提升交通基础设施绿色发展水平，推动我国绿色发展迈上新台阶。3 月，中共中央、国务院发布《"十四五"规划纲要》，对包含公路在内的交通运输进行新的发展部署，提出传统基础设施和新型基础设施统筹建设，打造系统完备、高效实用、智能绿色、安全可靠的现代化基础设施体系，绿色公路建设规模进一步增大，绿色发展方式加快转变。与此同时，中共中央、国务院在两会中首次将"双碳"列入政府工作报告，提出扎实做好碳达峰、碳中和各项工作，推动煤炭清洁高效利用，大力发展新能源，深入实施可持续发展战略，提升生态系统碳汇能力，巩固蓝天、碧水、净土保卫战成果，促进生产生活方式绿色转型，"双碳"目标的提出促使绿色公路建设要求进一步提升。国家发改委等 10 部门联合发布《关于"十四五"大宗固体废弃物综合利用的指导意见》，提出推进大宗固废综合利用对提高资源利用效率、改善环境质量、促进经济社会发展全面绿色转型具有重要意义，要大力推进大宗固废源头减量、资源化利用和无害化处置，强化全链条治理，着力解决突出矛盾和问题，推动资源综合利用产业实现新发展，助力碳中和、碳达峰目标的实现。7 月，国家发改委印发《"十四五"循环经济发展规划》，指出"十四五"作为我国绿色发展的关键阶段，推进循环经济发展、加强资源节约集约利用、构建资源循环型产业体系和废旧物资循环利用体系比以往任何时期都更加迫切，公路作为国家重点基建行业，深入推行建筑垃圾源头减量，建立建筑垃圾分类管理制度，规范建筑垃圾堆放、中转和资源化利用场所建设及运营管理等可极大提升公路建材利用率，对于实现碳达峰、碳中和，促进生态文明建设意义重大。11 月，交通运输部、国家标准化管理委员会等五部门联合印发《交通运输标准化"十四五"发展规划》，提出以推进绿色集约循环发展，建设绿色交通，落实"碳达峰"目标任务为着力点，严格执行国家节能环保强制性标准，着力推进绿色交通发展有关新技术、新设备、新材料、新工艺标准制修订，促进资源节约集约利用，强化节能减排、污染防治和生态环境保护修复。同月，交通运输部印发《综合运输服务"十四五"发展规划》，提出打造清洁低碳的绿色运输服务体系，以碳达峰目标和碳中和愿景为引领，以深度降碳为目标，统筹发展与减排、整体与局部、短期与中长期，研究运输服务领域低碳转型政策措施，大力推进绿色出行行动，开展绿色出行"续航工程"，加快构建绿色运输发展体系。12月，国务院印发《"十四五"现代综合交通运输体系发展规划》，指出要坚持绿水青山就是金山银山理念，坚持生态优先，全面推动交通运输规划、设计、建设、运营、养护全生命周期绿色低碳转型，协同推进减污降碳，形成绿色低碳发展长效机制，让交通更加环保、出行更加低碳。

2022年1月，交通运输部印发《绿色交通"十四五"发展规划》，提出要深化绿色公路建设，因地制宜推进新开工的高速公路全面落实绿色公路建设要求，鼓励普通国省干线公路按照绿色公路要求建设，引导有条件的农村公路参照绿色公路要求协同推进"四好农村路"建设。同月，交通运输部印发《公路"十四五"发展规划》，提出要推进公路绿色发展，贯彻落实绿色发展理念，推动公路交通与生态保护协同发展，继续深化绿色公路建设，促进资源能源节约集约利用，加强公路交通运输领域节能减排和污染防治，全面提升公路行业绿色发展水平。3月，交通运输部、科技部联合印发《交通领域科技创新中长期发展规划纲要（2021—2035年）》，指出要提升基础设施高质量建养技术水平，大力推动深度融合的智慧交通建设，构建全寿命周期绿色交通技术体系。4月，交通运输部、科学技术部联合印发《"十四五"交通领域科技创新规划》，指出要聚焦国家碳达峰、碳中和与绿色交通发展要求，突破新能源与清洁能源创新应用、生态环境保护与修复、交通污染综合防治等领域关键技术，加快低（零）碳技术攻坚。同月，交通运输部印发《"十四五"公路养护管理发展纲要》，提出要推动绿色养护发展，健全绿色养护的评价方法和评价标准，加强绿色养护技术的研发与推广，大力推动废旧路面材料、工业废弃物等再生利用，提升资源利用效率。2022年10月，党的二十大进一步提出加快交通强国建设的任务要求，加快推动交通运输绿色低碳转型发展，加强绿色基础设施建设，推进美丽中国建设。

"十四五"是全面开启交通强国建设新征程的关键时期，在现代化高质量综合立体交通网络建设的带动下，包括绿色公路在内的绿色交通廊道建设将进入快速发展阶段，我国公路建设将以交通强国建设试点为契机，深化绿色公路建设，以高速公路改扩建、国家重大战略通道建设、生态敏感脆弱区公路建设、公路维修与养护工程为重点，打造一批绿色公路建设试点项目，开展面向交通强国建设需要的绿色公路建设政策研究与制度顶层设计，强化绿色智能化建造与维养、生态化工程构造物建设、路域生态廊道建设与交通噪声污染治理等绿色公路技术开发，推动绿色公路建设转型升级，绿色公路进入新的建设时代。

第 2 章　绿色公路理念

绿色公路建设是新时代交通运输行业践行可持续发展理念，推动可持续发展战略与生态文明建设的重大举措，是我国绿色交通建设的应有之义和重要切入点。伴随我国公路建设水平不断提升，绿色公路涵盖的理念与内涵也不断丰富与完善，深入理解与把握绿色公路概念、内涵与特征对我国绿色公路建设及未来发展有重要意义。本章系统梳理国内外相关政策及研究人员对绿色公路理念的界定，阐述绿色公路定义，剖析绿色公路内涵，归纳绿色公路特征，总结绿色公路实践要点，为读者深入掌握绿色公路理念提供参考。

2.1　绿色公路理论基础

绿色公路是绿色交通的重要组成部分，是未来公路交通发展之必然趋势，深入理解与绿色公路发展建设相关的理论基础是领会绿色公路理念、把握绿色公路内涵与特征、明晰绿色公路建设要点的前提，因此有必要对绿色公路建设相关的理论进行系统梳理。

1.　可持续发展理论

联合国环境署发表的《关于可持续发展的声明》将可持续发展的定义为：既满足当代人的需要，又不对后代人满足其需要的能力构成危害的发展。可持续的定义主要阐述了三方面的内容：

①　"社会—经济—环境"三维一体协调发展，三者相辅相成，密切配合；②强调以人为中心的全面发展，目的是改善人类生活质量；③强调以环境保护为基础的经济发展以及社会进步，环境既为发展提供了资源基础，又成为制约发展的因素。

可持续发展理论的提出使人类重新意识到公路建设与自然环境关系的重要性，促进了绿色公路理念的提出，推进了节能环保型技术工艺在公路工程领域中的应用。

2.　绿色经济理论

绿色经济一词首次出现于英国经济学家大卫·皮尔斯出版的《绿色经济蓝皮书》，绿色经济一般被定义为人们在社会经济活动中，通过正确处理人与自然及人与人之间的关系，高效、文明地实现对自然资源的永续利用，使生态环境持续改善和生活质量持续提高的一种生产方式或经济发展形态。

绿色经济是以人类的全面发展为目标，以生态承载能力为前提，实现自然环境改善和人类生活质量提高的一种效率最大化的经济发展模式。同样未来公路建设也应以人类的全面发展为目标，以生态环境承载能力为前提，实现公路效益的最大化。

3．低碳经济发展理论

英国于 2003 年颁布的《我们未来的能源：创建低碳经济》中首次明确提出低碳经济的概念，中国的专家学者将低碳经济定义为以可持续发展理论为基础，通过技术创新、制度创新、产业转型、新能源开发等多种手段，尽可能地减少煤炭、石油等高碳能源消耗，减少温室气体排放，达到经济社会发展与生态环境保护双赢的一种经济发展形态。

发展低碳经济的实质在于实现能源利用效率的提高以及形成新式清洁能源结构，要求人类从根本上转变经济发展观念、创新能源技术并制定相应的法规制度。而交通运输行业是能源消费的主要行业之一，深入贯彻低碳发展理念，能够有效抑制碳排放量的增加，对于创建以节能减排为目标的公路运输体系，实现碳达峰与碳中和具有积极作用。

4．耗散结构理论

耗散结构理论由比利时科学家普利高津于 1969 年提出。该理论指出，一个远离平衡态的开放系统通过不断地与外界交换物质和能量，在外界条件变化达到一定阈值时，可以通过内部的作用产生自组织现象，使系统从原来的无序状态自发地转变为时空上和功能上的宏观有序状态，形成新的、稳定的有序结构。耗散结构的形成必须具备以下条件：

（1）耗散结构只有在远离平衡的开放系统中才能形成，所谓开放系统是指与外界既有物质交换又有能量交换的系统。远离平衡态，首先要求是非平衡态，其次还要求处于非线性区。

（2）必须满足不稳定性阈值条件。热力学分支由稳定变为不稳定的临界点称之为不稳定性阈值条件，它是产生耗散结构不可缺少的条件。

（3）非线性。线性系统只存在两种演变前途，即衰亡和无限增长，而非线性系统的演化结果具有多样性。在近平衡区，由于非线性项与线性项相比可看作无穷小量，而对系统不产生影响，这时只存在热力学分支单解，当系统处于远离平衡状态时，非线性项的作用十分明显，一个非平衡约束就对应多重定态解，有的定态解是稳定的，有的是不稳定的，在不稳定分支附近的扰动随时间增长，最后演变到某一稳定的分支上。线性与非线性系统之间的一个明显区别就是叠加原理不适用于非线性系统，一个因素的微小变化可能导致用它的幅值无法衡量的结果。

对照耗散结构形成条件，可以发现公路环境复合生态系统属于耗散结构。公路环境复合生态系统为开放系统，它与外界存在着物质和能量交换；公路生态系统有着影响自身稳定的控制因素，但这种因素改变超出一定阈值之后，系统平衡被打破；公路生态系统是非线性的，系统要素之间不存在线性关系。通过耗散结构理论分析公路与生态环境系统的关系，能够更好地把握公路与生态的平衡。

5．生态系统理论

生态系统是指在一定时间和空间内，生物与其生存环境之间及生物与生物之间相互作用，彼此通过物质循环、能量流动和信息交换，形成一个不可分割的整体。与生态系统紧密相关的一个极重要的概念是"生态平衡"，当生态系统各组成成分间彼此保持一定的比例关系，在受到外来干扰时能通过自我调节和再生恢复到初始的稳定状态，这种状态称为生态系统的平衡。

要维持一个生态系统的平衡也必须维护其再生机制，使系统内资源和能源的消耗小于其资源和能源的再生（包括自身再生产能力和外部再生产能力的输入）。生态系统理论的提出，有利于把握绿色公路的建设方向，促进公路与生态系统的和谐相处。

6．恢复生态学理论

恢复生态学研究生态系统退化的原因、退化生态系统恢复和重建的技术与方法、生态学过程与机理。所谓退化生态系统是指由于人类和自然灾害的干扰，破坏了生态系统的原有特性，使系统的物质循环、能量流动、信息联系发生了变化，形成破坏性的波动或恶性循环。所谓恢复，简单说有两种含义：一种是无人工干预下的自然生态恢复，所需时间往往十分漫长；另一种是指采取一定工程、技术等措施的人工恢复。恢复生态学中的生态恢复往往指后者。

具体说来，恢复生态学的研究内容可以粗略地概括如下：干扰和受损，受损机理与受损过程，恢复目标与恢复措施。主要包括非生物或环境要素的恢复技术，通常指工程技术等方面的措施以及与生物有关的恢复技术，如引种、间伐、优化配置群落结构等。道路在修建过程中不可避免地会对周围环境产生破坏，了解和研究恢复生态学理论，采用先进的生态恢复技术对生态进行合理修复极为重要。

7．自然价值理论

自然价值理论由美国哲学家罗尔斯顿提出，是一种描述自然内在价值的理论，是环境伦理学的核心。自然价值是一种外延特别宽泛的价值，它突破了人类共同体的界限，把价值扩展到自然事物（包括人在内的所有生命共同体）。它具有3个内在的规定：

（1）自然物都具有内在价值，自然物种之间是平等的，它们的价值不依赖于人类的需要。

（2）自然（整体的自然或具体的自然物）是自然价值的客体，自然所具有的各种属性是自然价值的物质基础或物质载体．

（3）生态系统（包括生态环境和人类社会）的和谐发展是评价生态环境的根本尺度和人类社会发展的最高价值目标。

自然价值是自然的外在价值与内在价值的统一，传统价值观与自然价值观的主要分歧在于自然是否具有内在价值。以人为本、保护自然是绿色公路建设的出发点和落脚点，在绿色公路建设中深入理解自然价值对于建设理念提升、建设要点把控有重要作用。

8. 全寿命周期管理理论

全寿命周期管理（Life Cycle Cost，简称 LCC）在 20 世纪 60 年代出现于美国军界，主要用于军队航母、激光制导导弹、先进战斗机等高科技武器的管理。从 20 世纪 70 年代开始，全寿命周期管理理念被各国广泛应用于交通运输系统、航天科技、国防建设、能源工程等各领域。

全寿命周期管理是指从长期效益出发，应用一系列先进的技术手段和管理方法，统筹规划、建设、生产、运行和退役等各环节，在确保规划合理、工程优质、生产安全、运行可靠的前提下，以项目全寿命周期的整体最优作为管理目标。全寿命周期管理具有宏观预测与全面控制的两大特征：特征一是它考虑从规划设计到报废的整个寿命周期，避免短期成本行为，并从制度上保证 LCC 方法的应用；特征二是打破部门界限，将规划、基建、运行等不同阶段成本统筹考虑，以企业总体效益为出发点寻求最佳方案。

在此理论中，建设项目全寿命周期是从此项目的构思开始至建设工程报废的全过程，包含前期策划、设计和计划、施工和运行、报废处置等阶段。绿色公路作为一种绿色产品，全寿命周期贯彻绿色理念是其应有之义，也是绿色公路可持续发展之必备属性。

2.2 绿色公路概念

国外绿色公路建设起步较早，在其发展与建设过程中提出了绿色建筑、绿道和可持续施工等概念，部分国家还根据自身特色建立了相关的绿色品质实体工程，然而对于绿色公路具体概念并未作明确界定。我国绿色公路研究及建设自改革开放以来不断深入与全面，针对绿色公路概念，我国地方交通部门及研究人员也提出了自己的思考，如绿色公路应具备生态、安全、便捷、美观、节能低碳等属性。交通运输部颁布《关于实施绿色公路建设的指导意见》提出五大措施保障绿色公路建设顺利开展，然而并未明确界定绿色公路概念，众多研究者对绿色公路的理解见仁见智，致使绿色公路理念难以完全贯彻融合至实际的规划、设计、施工、养护过程中，绿色公路工程品质良莠不齐，不利于绿色公路的建设与推广。因此，2018 年，交通运输部颁布《绿色交通设施评估技术要求 第 1 部分：绿色公路》（JT/T 1199.1—2018），正式规范了绿色公路相关概念，为绿色公路建设指引了方向。总体而言，我国绿色公路概念界定是逐步融合可持续发展理念、生态文明理念、绿色低碳理念、绿色节约集约理念的过程。

可持续发展理念是处理人与自然关系的长期性战略构想，是人们应对全球环境问题的共同呼声。公路交通建设需顾及资源环境承载能力与可持续性，绿色公路相关概念也需融入可持续性，如 McLennan 等认为可持续设计是一种追求建筑环境质量最大化，同时尽量减少或消除对自然环境的负面影响的设计理念。

生态文明理念是推动经济社会高质量发展的新理念，而绿色公路是生态文明理念在交通行业的重要表述之一。郝建国等将绿色公路生态工程定义为，综合运用工程措施、生物措施、农艺措施，在完成公路工程新建或改造项目的同时，进行改良环境结构，减少污染，降低噪声的生态工程建设，使公路交通设施作为一种人文景观与周围景观在更大范围内融为一体，形成美化国土、保护自然、改良环境和抵御灾害的带状公路交通生态系统或区域交通生态系统。

绿色低碳、节约集约理念是保护环境，提高资源承载能力的重要途经，是推动生态文明建设和发展方式高质量化重要抓手，其进一步丰富完善了我国绿色公路建设理念，如梅柠等认为低碳绿色公路运输是指人和货物在公路运输过程中，以"三高三低"为基本特征，抑制公路运输对环境造成危害的同时，使公路运输资源得到最充分的利用，并要求以生态环境为出发点对公路运输体系进行改进，形成一个环境共生型的公路运输系统。

绿色公路的概念及内涵随社会经济发展而不断丰富充盈，不同学者对其概念的界定也逐渐具有一致性，为方便读者更好地了解绿色公路概念的发展，本书全面梳理汇总国内外相关学者对绿色公路概念的定义，如表 2-1 所示。

表 2-1 绿色公路相关理念及定义

序号	来 源 （文章、著作、规范等）	绿色公路相关定义
1	Development of State-Level appraisal indicators of sustainable construction	给出了关于可持续建筑的定义，他们认为可持续建筑就是基于资源效率和生态原则，创造和负责任地管理健康的建筑环境，以实现可持续运用的目的
2	Sustainable construction: Green building design and delivery	认为可持续性建筑以资源效率和生态设计为基础，创造和运营一个健康的建筑环境，强调贯穿建筑生命周期的 7 个核心原则：减少资源消耗，再利用资源，利用可回收资源，保护自然，消除有毒物质，实行生命周期成本，注重质量
3	Sustainable construction: Green building design anddelivery	提出了可持续施工的概念，即可持续发展理念指导工程项目的建设和运营，力求最大限度地实现资源的节约利用，同时减少污染物的排放，降低对人类健康的影响
4	Sustainable urban transport: Four innovative directions	认为可持续交通是指不危及公共健康或生态系统，并满足以下获取需求：（a）使用低于再生率的可再生资源；（b）使用低于可再生替代品开发率的不可再生资源，同时对二氧化碳、二氧化硫、甲烷等排放做了要求
5	Greening project management practices for sustainable construction	认为可持续设计是一种追求建筑环境质量最大化，同时尽量减少或消除对自然环境负面影响的设计理念
6	Theory of lean construction	给出精益建造的概念，在施工过程中通过对管理方法持续改进与有效运用，达到节材、节水、节电以及节油的目的，同时有效减少环境负面影响
7	Green building: Designing for a sustainable future	提出了绿色建筑设计原则，即尊重基地环境，施工结合气候，减少环境污染与减少资源，能源用量，注重循环使用等
8	McGraw-Hill construction （2006），Green building smart market report	认为绿色建筑是以环保、节能、可持续的方式对建筑环境进行精心设计，施工、运行和再利用或拆除，可与高性能建筑、绿色建筑、整体建筑、可持续建筑设计互换使用

续表

序号	来　源 （文章、著作、规范等）	绿色公路相关定义
9	White paper on sustainability	认为绿色建筑是提高建筑物及其场地使用能源、水和材料的效率，通过好的选址、设计、施工、运营，减少人类健康和环境的影响的一种实践
10	U.S. Green Building Council	认为绿色建筑是指相对于传统建筑而言，为提高环境、经济、健康和生产率而设计，建造与运营的建筑
11	Green fields forever: the conservation tillage revolution in America	将绿道定义为沿着河滨、溪谷、山脊线等自然走廊，或是沿着用作游憩活动的废弃铁路线、沟渠、风景道路等人工走廊所建立的线型开敞空间，包括所有可供行人和骑车者进入的自然景观线路。它是连接公园、自然保护地、风景名胜区、历史古迹等开敞空间纽带
12	A study on the legal system for Greenroad	认为绿道就是通过减少自然资源的使用和提高自然资源的使用效率来最大限度地减少生态影响的道路
13	Review and prospect of Green road research at home and abroad	认为绿道是指一种绿色的线性开放空间，通常是指允许行人、自行车等进入的绿树成荫的道路。绿道道常连接各种人工廊道或自然道路，如风景带、山脊、山谷、河流和湖泊
14	Greenway for American	将绿道定义为相互连接的现状或者近似现状的自然文化区域，这些区域没有开发，因而对社会或者自然界有重要价值
15	Greenways: The beginning of an international movement	将绿道定义为重要的生态走廊、游憩型绿道和具有历史文化价值的绿道，并认为绿道的结构就如公路和铁路系统一样，但是建设与其他人工修建的道路系统最大区别就是潜在的绿道正如自然基础设施一样本身就是自然的状态，保持近乎自然的状态，存在的
16	Siberian afforestaton experiment: History, methodology, and problems	认为绿色道路是指在保护生态环境和自然资源的基础上建立的具有可持续发展理念的道路

续表

序号	来 源 （文章、著作、规范等）	绿色公路相关定义
17	Tree root and soil heterotrophic respiration as revealed by girdling of boreal scots pine forest: extending observations beyond the first year	认为绿色道路是那些具有长期发展潜力并且可以节约道路能量，改善环境，最大限度地防止道路范围内的污染的道路。同时，公路可以与自然资源和谐地结合在一起，使行人有舒适、安全和美丽的感觉
18	Green road design concept	认为绿色道路设计理念是道路工程设计的一种设计理念，旨在协调人、机动车、道路及其周围环境，是一种适度、协调、互利的综合设计理念
19	The shortest path problem research based on the Green traffic	认为绿色交通是以适合城市环境的低污染交通完成社会经济活动的交通系统。这种交通理念，用来减少交通拥堵，方便出行，增加了长途出行的安全性；减少环境污染，控制车辆排放；合理利用资源，实现土地利用与轨道交通协调发展
20	Assessment index tool for green highway in Malaysia	认为绿色公路是按照可持续性要求和全球标准设计与建设的公路项目
21	Developing sustainable transportation infrastructure	认为绿色公路是一种比现代施工技术更可持续的实践，并且将一条公路的使用寿命延至最长
22	Beneficial use of shredded tires as drainage material in cover systems for abandoned landfills	认为绿色公路是利用无或低度污染物排放，环境友好的材料修建的公路

序号	来源（文章、著作、规范等）	绿色公路相关定义
23	Washington Department of Transportation highway	在选定的城际高速公路上对电动汽车快速充电站的研究和创新时，将绿色公路定义为一种促进使用清洁燃料的倡议
24	Fundamental elements of Malaysia Green highway	认为绿色公路是一种基于相对新的公路设计理念，集交通功能和生态于一体的公路设计
25	Green highway partnership	将绿色公路定义为通过社区合作，环境管理和交通网络在安全性和功能性方面的改进，努力"超越合规性"并让项目区"比以前更好"
26	Study on the design of slow travel system of tourist highway service facilities	认为旅游公路服务设施慢行交通系统是在服务设施用地中设置的慢行人行道和辅助设施，可以使旅游者接触到不同的设施，深度体验自然景观。旅游公路服务设施慢行交通系统注重旅行和游览两大特征，是集休闲、观光、环保功能于一体的交通系统
27	Research and application of BIM and unmanned aerial vehicle of urban Green highway	认为绿色公路是绿色交通的重要组成部分，根据系统论和循环成本思想，公路建设总体思想，公路建设总体规划，设计、施工、运营和管理全过程，以最小的资源使用量，实现质量和高效的服务，获得最优的工程质量和高效的服务，最轻的污染排放量，最低的环境影响，实现性约束和供给之间的外部最大平衡
28	Sustainable waste management for Green highway initiatives	认为绿色公路是基于道路可持续理念的交通走廊，它结合交通功能和生态要求。绿色公路还提供更可持续的施工技术，最大限度地延长公路的使用寿命
29	Green highway for Malaysia: A literature review	认为绿色公路是利用可回收材料、生态管理和减少能源，提高雨水径流的水质，最大限度地发挥社会效益的公路

续表

序号 （文章、著作、规范等）	来　源	绿色公路相关定义
30	建设绿色公路生态工程势在必行	从实际的公路建设出发，将绿色公路生态工程定义为，综合运用工程措施、生物措施、农艺措施，在完成公路工程新建或改建项目的同时，改良环境结构，减少污染，降低噪声的生态工程建设，使公路交通设施作为一种人文景观与周围景观在更大范围内融为一体，形成美化国土，保护自然，改良环境和抵御灾害的带状公路交通系统或区域生态系统
31	建设"生态高速公路"的方法初探	认为建设生态公路就是要把建设工程与环境生态工程按系统最优化结合起来，在完成高速公路新建或改造的同时，进行改良环境结构，减少污染，降低噪声的生态工程建设，使公路交通设施作为一种人文景观与周围景观在更大范围内融为一体，形成美化国土，保护自然，改良环境和抵御灾害的带状公路生态系统或区域生态系统
32	高速公路建设中的生态治理对策	提出生态公路是以生态效益、经济效益和社会效益协调发展为目标，将公路的设计、建设与自然环境相融合，形成行车安全舒适、运输高效便利、景观完整美观的带状生态交通系统
33	重庆市生态公路域环境生态恢复技术研究	认为生态公路是在设计和建设理念上将自然、人和公路统一在一起，以生态学的规律和理论指导公路的建设，不仅考虑到人的活动和公路之间的相互影响，而且也特别注重维护与人们生存的自然的融洽和遵循其自然发展规律，形成行车安全舒适、运输高效、景观完美和谐，保护自然的可持续发展的公路发展模式
34	生态公路建设的理念与实践	明确了生态公路的定义，即以保证生态系统的良性循环为基本原则，以生态学的规律为指导，使公路设计、建设和运营尽量减少对景观和环境的破坏的污染，尽量保护自然生态系统，形成人、车、路和自然充分融合、景观协调，生态优良的公路交通系统
35	绿色生态型城市道路横断面优化体系研究	提出绿色生态型城市道路，具体是指在道路的全寿命周期内，最大限度地节约资源，保护环境和减少污染，为人们提供健康、舒适、高效的道路使用环境

序号	来　源 （文章、著作、规范等）	绿色公路相关定义
36	生态公路设计理念在北京马北路的应用研究	将生态公路定义为：在公路的设计、建设及运营中以生态学原理为指导，坚持科学发展观思想，在保证交通发展和生态环境协调发展的基础上，将生态效益、经济效益和社会效益的协调发展作为目标，不以牺牲生态环境为代价的进行公路的设计、建设和运营，维持生态环境与公路和谐共赢的公路发展模式
37	基于绿色理念的道路方案设计研究	将绿色生态道路定义为：从规划、设计、施工、运营和维护等全寿命周期中各个阶段入手，坚持低碳、环保的理念，采用新材料、新方法和新工艺实现道路工程全寿命周期范围内二氧化碳排放强度的显著降低，实现道路节能减排，持续改善生态环境的目的
38	低碳生态理念在公路建设管理中的实践与思考	认为低碳生态公路是站在公路交通发展的全局和战略高度，从公路交通发展与国民经济和社会发展的关系出发，重视资源的使用效率和公路交通服务效率，处理好公路与环境资源制约的关系，以较低代价代价实现公路建设路的迅速发展，安全、高效、便捷的公路交通服务，以创新的新的理念构建低碳交通体系，以最小资源环境为一种来价的情感反应
39	浅议绿色公路建筑景观设计	将绿色公路景观设计定义为：在完成公路基本路功能的前提下，利用道路组成要素及其周围的地物、地貌等自然要素和地域的人文要素等景观元素，按照一定的尺度，比例、线形、形态、色彩、质地、韵律、节奏等基本法则进行构图，创造良好的视觉形象和生态环境，给人带来一种审美愉悦和良好的情感反应
40	低碳公路优化设计问题探讨	认为低碳公路就是指从公路规划阶段开始，重点在设计和施工阶段中，采用低碳设计新理念、新方法、新工艺等，降低运营期间车辆由于公路设计和施工因素而产生的大量二氧化碳排放量
41	低碳公路优化设计问题探讨	基于低碳公路优化的具体内容，对低碳设计理念与低碳效果的相互关系，从规划设计、建设、运营的整个生命周期，结合实际情况，注重研究设计指标性合理合理节能减排，达到在节源、能源、材料、最终采用科学合理的措施，确定设计方案，施工建设的全局考虑，结合实施工组织和运营管
42	浅谈低碳高速公路设计	将低碳高速公路定义为：在高速公路设计、建设、运营的整个生命周期内，通过设计方案、施工组织和运营管理的优化，结合新技术、新能源和新材料，减少对生态系统的破坏，提高使用效率、材料占用和使用时间降低消耗数量、调整消耗结构，提高使用效率、节约资源，减少二氧化碳排放量的目的

续表

序号	来 源 （文章、著作、规范等）	绿色公路相关定义
43	基于 LCA 的低碳公路的实现途径	基于 LCA 模型对低碳公路进行了研究，将低碳公路定义为在低碳理念的指导下，综合运用各种绿色技术与环保措施，从公路规划设计、工程施工到投入运营的整个生命周期里达到公路建设基本原则，以碳平衡为公路建设基本原则，公路规划建设节能减排和低耗高效的目标，从而实现经济效益和环境效益的和谐与可持续发展
44	基于 AHP-熵值法的低碳绿色公路运输发展研究	基于 AHP 熵值法给出了低碳绿色公路的定义，即低碳绿色公路运输是指人和货物在公路运输过程中，以"三高，三低"为基本特征，抑制公路运输对环境造成危害事的同时，使公路运输资源得到最充分的利用，并要求以生态环境为出发点对公路运输体系进行改进，形成一个环境共生型的公路运输系统
45	基于全寿命周期的绿色低碳公路建设——以云南麻昭绿色低碳公路建设为例	基于公路建设的全寿命周期对绿色低碳公路进行了研究，认为绿色低碳公路就是在全球气候变化的国际战略背景下，三低一高（低能耗、低排放、低污染、高效率）的核心价值理念在公路领域的具体体现
46	基于低碳理念的公路工程建设关键技术探讨	基于低碳理念对低碳公路进行了阐述，即在低碳理念的指导下，综合运用各种绿色技术与环保措施，从公路规划设计、工程施工到投入运营的整个生命周期里达到公路建设基本原则，以碳平衡为公路建设基本原则，减排和低耗高效的目标，从而实现经济效益和环境效益的和谐与可持续发展
47	绿色低碳公路评价指标体系与评价方法研究	从设计、施工、养护三个方面给出了绿色低碳公路的定义，即将绿色、低碳理念运用到公路的规划、设计、施工和运营过程中，在公路的全寿命周期内，能够最大程度地合理保护环境（节能、节水、节地、节材），最快速度恢复生态平衡，形成行车安全舒适、运输高效便利、景观高效和谐完整的公路
48	绿色低碳理念在公路设计中的体现	认为绿色低碳公路就是指将绿色低碳理念贯穿项目规划、设计、施工、运营各个阶段，机电以及材料、建筑各个专业，以规划和设计中的低碳考量为基础，以实现减少生态系统破坏，降低二氧化碳排放量的目标
49	绿色低碳公路评价指标体系研究	认为绿色低碳公路是运用低碳技术运用到公路建设各个阶段，在公路全生命周期内，保护环境、有效利用资源，构建节能环保、绿色高效的公路系统

续表

序号	来源（文章、著作、规范等）	绿色公路相关定义
50	天津市绿道系统规划研究	认为城市绿道系统规划应指建立在绿地系统规划基础上，通过不同层级的绿道将城市、城郊、城镇、乡村之间有型绿色空间有机联系起来，构建集生态保育、休闲游憩、经济产业、文化教育等综合功能于一体的绿色网络系统
51	绿色公路建设中水土流失量的预测计算	将绿色交通定义为：为了减少交通拥挤、降低污染，有利于城市环境、多元化的城市交通工具，以完成社会经济公平、节省建设维护费用，而发展低污染的交通运输系统
52	绿色交通的科技实践	认为绿色交通就是以资源环境承载力为基础，以节约资源、提高能效、控制排放，加快推进绿色循环低碳交通基础设施建设，节能环保运输装备应用，集约高效运输组织体系建设，推动交通运输转入集约内涵式的发展轨道
53	绿色交通理念与生态公路设计的融合分析	认为绿色交通主要指在生态思想引导下形成的一种有利于减少城市交通自然资源消耗，实现现代城市交通快速发展与可持续生态环境和谐发展的城市交通发展理念
54	基于DPSIR模型低碳绿色公路运输发展评价研究	基于DPSIR模型对对绿色交通运输进行了具体的论述，将绿色交通运输阐述为一种以人为本的环保交通，具体表现为减少环境污染，维持交通系统高效运作，以最小的成本最大化地实现人和货物的转移，满足交通系统与城市社会、经济、生态、环境的协调发展，促进城市未来发展的可持续性
55	我国绿色交通的发展路径及政策	认为绿色交通是以低能耗、高效率的综合运输发展方式，来完成社会经济活动的一种交通概念
56	我国公路运输业低碳绿色发展研究	认为绿色运输是指以节约能源、减少废气，废物等污染物排放为特征的运输活动
57	公路建设工程绿色施工的理念及要求	认为绿色施工是对可持续发展思想在公路工程施工期间的体现是对施工工艺与施工期间的生态与环境保护，资源与能源利用，社会与经济发展等问题
58	可持续发展与绿色公路建设	基于国家的可持续发展战略，对公路建设的绿色施工进行了解释，绿色施工是可持续发展思想在公路工程施工期间的体现，是对施工工艺与施工场地管理的优化应用，涉及与可持续发展密切相关的生态与环境保护、资源与能源利用，社会与经济发展等问题

续表

序号	来源 （文章、著作、规范等）	绿色公路相关定义
59	高速公路绿色施工评价研究	将绿色施工定义为：在工程项目建设过程中，通过科学的管理、技术创新，尽可能利用资源，节约资源和减少施工活动对生态环境的负面影响，同时又须保证工程质量，安全达到基本要求
60	绿色公路的建设要点	认为绿色道路的定义应为：在满足基本功能的前提下，保证其环境优美的一类公路的统称
61	城市道路多层复合式绿色廊道设计研究	给出了绿色通道的定义，即绿道是自然的通道或通向自然的通道，其本身既强调绿道具有一定的自然条件，又强调绿道能够被人或动植物使用
62	基于景观生态理念的高速公路绿色廊道设计	给出了高速公路绿色廊道的相关定义，即沿高速公路系统布置的绿色廊道，是重要的生态廊道，能够对高速公路及其沿线起到保护、提升的作用
63	绿色公路的研究体系探讨	绿色公路是指与交通系统中其他因素（车、人等）以及交通系统外诸因素环境、经济、相关人和组织等具有和谐关系的公路
64	绿色公路理念指导下高速公路建设管理实现途径的研究	基于绿色理念，将绿色公路定义为以绿色理念为指导，在公路建设管理过程中，贯彻"安全、环保、舒适、和谐、节约、耐久"的公路建设新理念，以公路、自然环境与社会环境高度和谐为目标，通过科技创新与和谐管理，实现经济效益、社会效益和生态效益的统一，与公路建设的可持续发展
65	高速公路养护新理念	认为绿色公路是指将可持续发展理念运用到公路的立项、可行性研究、设计、施工和养护运营过程的各个阶段，在公路的全寿命周期内，能够最大程度地合理保护环境，最大限度地有效利用资源（节能、节地、节水、节材），最快速度地恢复生态平衡，为人们提供安全、舒适、快速、便捷的出行，与自然和谐共生的公路
66	低碳理念下绿色公路建设关键技术与应用的探讨	认为绿色公路建设，就是在低碳理念的指导下，以碳平衡为基本原则，运用各种绿色技术，综合运用绿色技术，在公路决策、设计、施工、管理整个生命周期里都能实现经济效益和环境效益可持续发展。绿色公路不仅是对环境舒适度的改善，而且将降低能源成本，实现环境保护与资源配置最优化
67	基于可持续发展理念的绿色公路评价研究	绿色公路是指在可持续发展理念的指导下，保护环境和减少污染，为驾乘人员带来舒适、安全的体验，在公路的全生命周期内，最大限度地节约资源（节地、节能、节水、节材），与自然和谐共生的公路

续表

序号	来源（文章、著作、规范等）	绿色公路相关定义
68	绿色公路定量研究的构思	认为绿色公路就是指与交通系统中其他因素（车、人等）以及交通系统外诸因素（环境、能源、资源、经济、相关人和组织等）具有和谐关系的公路
69	基于绿色理念的高速公路建设方案选择与管理研究	基于绿色理念，将绿色公路定义为："将"安全、环保、舒适、和谐、节约、耐久"的绿色理念贯穿到公路项目的设计，施工以及建设管理的全过程，以公路、自然环境和社会环境共处和为目标，以绿色价值为导向，以绿色技术为动力，以和谐科学设计，通过科学设计，环保施工，质量保证，科技创新，信息化管理等措施，确保经济效益，社会效益和生态效益的和谐统一
70	绿色公路理念及评价体系	将绿色公路定义为：基于可持续发展定义及要求，将一系列优良的可持续性发展实践运用于道路设计和施工过程中的公路项目
71	绿色公路评价指标体系研究	将绿色公路定义为：在公路全生命周期内，最大程度地节约资源（节能、节地、节材），保护环境和减少污染，为行车提供高效、适用的运输条件，与自然和谐共生的公路
72	绿色公路发展的战略思考	认为绿色公路就是节能减排、资源节约与循环利用和生态环保为核心价值理念，强化创新驱动，积极研究探索新能源、新材料、新设备和新工艺，大力推广应用先进适用技术和产品，实现公路在规划、设计、施工、养护、运营、管理等全寿命周期的能源消耗与碳排放量显著降低，环境效益明显改善的一种公路发展模式，实现过程和产出的绿色效益。绿色公路发展的核心是减少能源消耗、控制资源占用、保护和改善生态环境，降低温室气体排放和污染排放
73	基于价值管理的绿色公路决策目标构建	基于生态工程的研究，认为绿色公路是倡导以生态保护、节约能源为前提，运用各种措施，将建设工程与环境生态工程结合在一起。在完成公路建设的同时，改善社会环境，减少污染，使公路交通设施和周围的景观大自然环境融为一体，保护美化国土，形成美丽中国，保护自然环境和抵御灾害等现状的带状公路交通生态系统
74	绿色公路的发展政策探索	认为绿色公路的发展就是将绿色环保理念贯穿于"规划与设计、建设与施工、运营与养护"三大环节，并全寿命、全过程、全周期分层次推进的理念。充分体现"节能、低碳、循环、生态"的理念，分体现三大节

续表

序号	来源（文章、著作、规范等）	绿色公路相关定义
75	绿色公路政策创新研究	认为绿色公路是一种集生态保护、资源节约、技术创新、便民服务为一体的新型公路建设发展理念，同时也是我国公路建设发展的理想运行状态
76	基于"BOT+EPC"模式的绿色公路建设初探——以广东省广佛肇高速公路肇庆段为例	基于"BOT+EPC"模式将绿色公路定义为在传统公路发展基础上的一种模式创新，强调公路交通的"绿色性"，即减少能源消耗和二氧化碳排放，改善环境污染和生态破坏，合理利用资源和循环材料，减轻交通拥挤
77	绿色公路客运站评价指标体系研究	认为绿色公路就是将绿色、低碳理念运用到公路建设使用过程中，形成行车安全舒适、景观完整和谐便利、运输高效的公路
78	辽宁省绿色公路设计理念和方法	认为绿色公路是指在公路的全寿命周期内，以创新、协调、绿色、开放、共享为发展理念，最大限度地节约资源，保护环境和减少污染，注重智慧管理与服务品质提升，为人们提供安全、舒适、便捷、美观的公路使用环境，与自然和谐共生的公路
79	走近绿色公路	认为绿色公路是按照系统论和周期成本思想，统筹公路建设质量、资源利用、能源耗用、生态环境影响和运行效率之间的关系，统筹公路规划、设计、建设、运营、管理全过程，获得最优的工程质量和最高效的运输服务，实现外部刚性约束与公路内在供给之间最大限度均衡
80	绿色公路建设目标及因素探析	认为绿色公路是以环保生态理念为前提，通过各种绿色技术与生态环保措施，在公路建设的全生命周期内，包括规划设计、施工运维等阶段，以追求行驶环境的舒适、降低能耗碳排放为目的，实现经济效益与环境效益可持续发展最大化
81	绿色公路的瓶颈分析与管理体系建设	认为绿色公路是以生态良性循环为基本原则，在公路规划、设计、建设、运营和养护全寿命周期里，以最大限度节约资源，提高能效，控制排放，保护环境为目标，以低消耗、高效率、低排放，最大限度地为人们提供安全、舒适和高效的出行服务，实现公路建设经济效益、社会效益和环境效益的有机统一，与自然和谐共生

续表

序号	来源 （文章、著作、规范等）	绿色公路相关定义
82	新理念公路设计指南	将新理念公路定义为：坚持以人为本，树立安全至上的理念；坚持人与自然相和谐，树立尊重自然、保护环境的理念；坚持可持续发展，树立节约资源的理念；坚持质量第一，树立全寿命周期成本的理念等"六个树立"的公路
83	绿色公路评价标准（DB53/T449）	将可持续发展理念运用到公路的立项、工程可行性研究、设计、施工和运营过程的各个阶段，在公路的全寿命周期内，能够最大程度地合理保护环境、最大限度地有效利用资源（节能、节地、节水、节材），最快速度地恢复生态平衡，为人们提供安全、舒适、快速、便捷的出行，与自然和谐共生的公路
84	绿色公路建设技术指南	按照系统论方法，在公路全寿命周期内，统筹公路建设品质、资源利用、能源好用、污染排放、生态影响和运行效率之间的关系，统筹公路规划、设计、建设、运营管理全过程，获得最优的建设品质和最高的运行效率，最小的能源消耗，最低的污染排放，最轻的环境影响，以最少的资源占用，实现外部刚性约束和公路内在供给之间最大限度均衡的公路建设工程

通过国内外绿色公路相关理念的梳理，可以明确我国绿色公路建设发展的基本思想为：绿色公路建设遵循国家可持续发展的主旨，在公路全生命周期中最大限度地减少消耗地球资源、能源的数量，并最大限度地减少公路废弃物的排放量，从而达到减少公路对自然生态环境的污染，实现公路和自然生态环境的和谐发展，为人们创建一个舒适、和谐、健康、安全的交通环境，同时在文化层次上注重对历史风貌和自然景观等的保护。

经过多年融合贯彻绿色公路建设发展基本思想及国家相关政策，在实践可持续发展理论、绿色经济理论、低碳经济发展理论、耗散结构理论、生态系统理论、自然价值理论、全寿命周期管理理论等理论基础之上，我国于 2018 年出台交通运输行业标准《绿色交通设施评估技术要求 第 1 部分：绿色公路》（JT/T 1199.1—2018），正式提出绿色公路、绿色设计、绿色施工、绿色养护等绿色公路相关概念的准确定义。

绿色公路是指在公路的全寿命周期内，以创新、协调、绿色、开放、共享为发展理念，最大限度地控制资源占用、降低能源消耗、减少污染排放、保护生态环境，注重建设品质提升与运行效率提高，为人们提供安全、舒适、便捷、美观的行车环境，与自然和谐共生的公路。

绿色设计是指将可持续发展理念融入到公路的设计阶段，开展全寿命周期技术经济论证及环境影响分析，在满足公路使用功能要求的基础上，充分考虑公路在施工建设、运营养护阶段可能对环境，资源造成的影响，采取科学、合理、灵活的设计措施，促进公路向更节能、更环保、更安全、更舒适的方向发展。

绿色施工是指在保证公路施工质量，安全等基本要求的前提下，通过新材料、新工艺、新技术、新设备的应用和管理创新，最大程度地保护生态环境，提高资源利用效率，降低能源消耗和减少污染物排放的施工活动。

绿色养护是运用科学管理手段和先进检测、维修技术，在保证公路养护质量与安全的同时，显著降低资源占用减少环境污染和能源消耗，实现公路长期高水平服役。

绿色公路的相关概念中渗透着节能减排、生态环保、污染防治、资源节约和高效管理等要素。其中，节能减排是绿色公路建设的核心内容，生态环保是绿色公路的目标追求，污染防治是绿色公路发展的本质要求，资源节约是绿色公路发展的重要使命，高效管理是绿色公路发展的根本保证。绿色公路相关概念的明确界定对于全寿命周期的绿色公路建设与发展极具指导意义，能够帮助从业人员深入理解绿色公路内涵与特征，强化绿色公路建设理念与实体公路工程之间的契合度，提高绿色公路建设品质，加快交通行业结构调整，推动绿色公路建设高质量发展。

2.3 绿色公路内涵与特征

2.3.1 绿色公路基本内涵

绿色公路是生态文明理念和绿色交通发展理念在公路建设领域的集中体现，其基本内涵是牢固树立生态文明建设和绿色发展的核心理念，以经济社会发展和资源环境承载力为前提，以节约优先、保护优先为指导方针，以绿色公路转型升级、提质增效为重点任务，以全面深化改革、科技创新驱动为发展动力，以统筹协调、示范引领为基本方法，以节能降碳、污染防止、生态保护、资源节约循环利用为领域，全面推进公路建设现代化，实现公路行业与经济社会、生态环境协调发展。具体体现为按照系统论与周期成本思想，以工程质量、安全、耐久、服务为根本，坚持"两个统筹"，把握"四大要素"，以理念提升、创新引领、示范带动、制度完善为途径，推动公路建设发展转型升级。

坚持"两个统筹"是绿色公路建设的思想精髓，也是绿色公路建设的实现途径。一方面要坚持统筹公路资源利用、能源消耗、污染排放、生态影响、运行效率、功能服务之间的关系，寻求公路、环境、社会等方面的系统平衡与协调；另一方面要坚持统筹公路规划、设计、建设、运营、管理、服务全过程，以最少的资源占用、能源耗用、污染排放、环境影响，实现外部刚性约束与公路内在供给之间的均衡和协调。

把握"四大要素"是推动绿色公路建设的关键。在绿色公路建设过程中，坚持以质量优良、安全耐久为前提，重点在"资源节约、生态环保、节能高效、服务提升"四方面实现突破，以控制资源占用、减少能源消耗、降低污染排放、保护生态环境、拓展公路功能、提升服务水平为具体抓手，全面提升公路工程建设水平。

2.3.2 绿色公路基本特征

通过把握绿色公路的概念内涵可知，绿色公路建设的核心是以人为本，满足人的多元化需求，促进人与自然和谐共生，为进一步深入理解绿色公路理念，有必要梳理绿色公路全寿命周期特点，即绿色公路的基本特征，总体可归纳为"三高"、"三低"、"三全"。

"三高"包括高效能、高效率、高效益。高效能即整个生命周期通过综合运用各种绿色技术和措施，达到整体工作效率和服务能力的最大化，公路资源环境治理体系和治理能力现代化水平较高；高效率是指通过调控优化公路建设供需关系，提高科技进步贡献率及全要素生产力，最有效地使用自然、社会及经济资源，降低能源资源及生态环境代价，满足最大的公路建设服务需求，实现公路建设运行效率和能源利用效率显著提升；高效益是指通过高能源效率以实现企业经营成本的显著提升，进一步降低公路建设成本，获得可持续发展的最大利益，实现经济效益、社会效益和环境效益的有机统一。

"三低"包括低消耗、低排放、低污染。低消耗即具有节能、低能耗等优点,从空间角度而言,要求公路建设对土地、岸线、通道等的占用率尽可能低,燃油、电能等能源消耗量尽可能减少。从筑路材料而言,绿色公路所采用的是可再生材料或者是可降解材料,建筑材料循环利用率高。低排放要求建设过程中能够对各种资源循环利用,建养过程中产生的温室气体、废气废水、固体废弃物及噪声等尽可能降低,甚至达到零排放。低污染是指充分考虑生态系统平衡和资源环境承载力,从源头削减、过程防控、终端治理综合管理,显著降低公路建设产生的水污染、大气污染、噪声污染,全过程考虑大自然、地表结构及生态文明多样性,使得公路建设造成的环境负面影响有效降低。

"三全"包括全寿命、全要素、全方位。全寿命周期要求坚持系统论的思想,将绿色理念与技术全面系统地贯穿至规划、设计、建设、运营、养护等整个寿命周期的各个阶段,在路线方案比选过程中,需要综合考虑建、管、养一体化,决策时需要兼顾项目运营成本、养护便利性、社会通行成本、耕田占用率等因素;全要素要求将"节能、高效、环保、健康"的绿色要求,通过优化结构、提质增效、科技创新、提升治理效能等方式贯彻至包含道路本身及其所在的社会及自然环境内各相关要素,如土地、能源、大气、水环境、声环境等;全方位控制要求绿色公路除了主体工程建设和维护全面运用绿色理念与技术外,还要为绿色运输、安全运营创造必要条件。要将运营安全贯彻项目全过程,不仅在勘察设计阶段开展设计安全性评价,还要求项目在通车前进行交工验收阶段的安全性评价,部分项目结合运营现状开展运营安全性评价,安全与绿色相互促进。如图 2-1 所示。

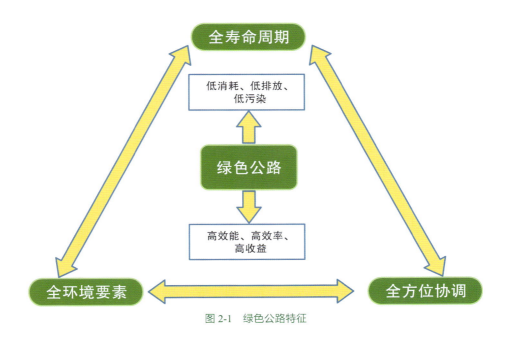

图 2-1　绿色公路特征

2.4 绿色公路实践要点

新时期我国公路交通以落实和推广绿色公路为目标，由绿色公路的定义可知，绿色公路是以创新、协调、绿色、开放、共享为发展理念，并强调最大限度地控制资源占用、降低能源消耗、减少污染排放、保护生态环境，注重建设品质提升与运行效率提高。如何实现绿色公路是目前急需解决的问题，结合交通运输部发布的《关于实施绿色公路建设的指导意见》，以公路建设全寿命周期为基础，下面提出绿色公路不同阶段的实践要点。

2.4.1 规划阶段

绿色公路在规划阶段的主要任务，不仅要考虑公路建设是否满足社会需求，同时还要兼顾我国社会经济发展与可持续发展的大背景，对道路建设的资金、综合效益等问题进行考虑，并运用合理的评价指标对公路建设的合理性进行评估，保障公路的可行性。

1. 绿色公路在规划阶段须充分考虑我国社会经济与可持续发展的大背景

可持续发展战略是我国的基本国策，而绿色公路作为践行国家发展战略的重要举措，需承担更加重要的责任，国家经济发展与绿色公路建设密切相关，故绿色公路在规划阶段需综合考虑公路、环境、社会的大环境，从公路建设全寿命周期出发，系统、全面地考虑绿色公路建设过程中的影响因素，运用科学、合理的评估手段，优选出最佳的公路实施方案。

2. 绿色公路的规划阶段应更加注重综合效益的提高

绿色公路规划阶段应明确公路在区域交通体系中的定位，与其他运输方式相互协调，充分发挥高速公路的优势，提高交通运输体系的综合效益。此外，在公路网的规划中，还应重视公路运输内部结构优化，明确国道、县道、乡道之间的比值，通过公路的规划和建设，从总体上优化公路系统"动脉"与"毛细血管"的功能，通过增加"增量""优化""存量"，使公路整体实现"人便于行，物畅其流"。

3. 绿色公路的规划阶段在资金筹集方面应更加合理

公路建设过程中需要注入大量资金，绿色公路相比于以往道路，其品质更为突出且相应配套设施更加完善，因此建设绿色公路所需资金数目更为庞大，若仅靠政府投资难以满足其高速发展的需要，故需要引进大量社会资金。但社会资金具有较大风险，绿色公路建设规划阶段，应采用科学的资金筹集办法，尽量规避因社会资金大量注入所带来的风险，同时保障投资者的合理收益，使更多优良资产进入公路行业，促进公路行业蓬勃发展。

2.4.2 设计阶段

绿色公路的设计应充分考虑道路、社会、环境三者的关系，强调公路与自然环境、社

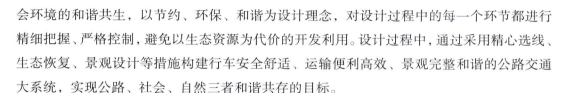

会环境的和谐共生，以节约、环保、和谐为设计理念，对设计过程中的每一个环节都进行精细把握、严格控制，避免以生态资源为代价的开发利用。设计过程中，通过采用精心选线、生态恢复、景观设计等措施构建行车安全舒适、运输便利高效、景观完整和谐的公路交通大系统，实现公路、社会、自然三者和谐共存的目标。

1．引进精心选线，合理降低施工难度

绿色公路设计在选线过程中要尽量遵循"精心选线，合理降低施工难度"的原则，路线选择的合理性将直接影响道路的工程规模、施工难易程度及能源资源消耗量，因此，在绿色公路选线过程中应遵循地质选线、环保选线的原则，合理降低施工难度、工程总量与资源消耗量。在地质、地形条件优良的地区建设公路时，应尽量选择低路基减少高填深挖、降低边坡高度，从而降低施工能耗。在地质、地形条件复杂地区，应设计多个可行性方案并进行多方案比选，尽量做到避让不良地质区域、减少山区水土流失，最终实现路线布设与地形、生态的相互协调。

2．生态恢复，道路沿线美化

绿色公路的设计应更加注重生态恢复与道路沿线美化，公路在施工过程中难免会对生态环境造成一定的破坏，绿色公路设计过程中须充分考虑施工对生态环境造成的影响，并及时采取相应措施对已破坏的环境进行生态恢复。在生态恢复过程中，充分发挥植物特性，利用植物的防护、净化功能，恢复公路沿线生态，强化路基边坡稳定，防止水土流失，净化路面污水，减轻对水环境的污染；利用植物的美化功能达到装点美化公路的效果；利用植物的屏障和诱导功能，遮蔽人工构造物裸露于自然环境，诱导车辆在不良地段的行驶。在对道路沿线美化的设计过程中，应充分利用生态学原理，多植灌木、少植乔木，选择与区域气候、生态、景观相匹配的树种进行种植，既可降低造价、保证成活率，又能避免生物入侵。

3．景观设计，突显地域特色和民族文化

绿色公路景观设计应充分考虑道路沿线的各种情况，对道路景观做出详细的设计，不仅要考虑道路自身的美观，还应注重公路与自然环境的协调，同时将地域特色、民族文化注入公路景观，赋予公路人文内涵，展现公路景观多样性，突显地域特性和民族文化。

2.4.3　施工阶段

绿色公路施工须将生态环保、资源节约、品质提升的理念贯穿落实于整个施工过程中，并强化新技术、新工艺、新材料在公路施工中的应用，以减少资源能源的浪费，提升公路品质。

1. 强化新材料、新工艺、新技术在施工过程中的应用

绿色公路在公路施工过程中，应重视新材料、新技术、新工艺的应用。如建筑信息模型技术（BIM）、新能源技术、新媒体信息技术、生态挡土墙、污水处理及水循环工艺、降温路面、尾气净化路面等，通过推广使用这些新型的技术、工艺、材料，改善公路的使用性能，延长道路的使用寿命，减少施工过程中有害气体的排放，提升资源的循环利用率降低能源消耗。

2. 运用节能机械并进行合理配置

绿色公路在建设过程中，应尽量采用节能环保型施工机械，降低施工机械在施工过程中的能耗，避免使用高能耗、高污染的废旧设备施工，同时，强化使用设备可靠性、经济性、安全性的动态管理，以保障设备的技术性能、能源消耗和排放标准在全寿命周期内始终保持良好状态，并结合施工方案，进行机械设备选型，确定最合适的机械设备使用方案。

3. 加强施工标准化管理

绿色公路施工阶段，须提高施工管理规范及其集约节约化程度，并构建施工过程标准化体系，用标准化施工保障公路工程的建设品质。如充分考虑桥梁施工方案的标准化施工及其经济性，梁板预制采用在预制场预制，统一管理，集中预制，减少主线路施工单位临时占地费用，达到预制梁板工厂化作业，施工标准化，通过优化拌和站布局、优化大型耗能设备操作、选用匹配电机"打造绿色拌和站"，提高拌和站效能。

2.4.4 运营管理阶段

当公路投入使用时，公路的运营管理是十分重要的一个阶段，绿色公路的运营管理阶段须强化各个环节的工作，保证公路在运行过程中的流畅、洁净、环保，促进道路沿线的经济发展与环境保护。

1. 实行市场化管理，提高管理效率

绿色公路在运营管理阶段，可创新性地将公路清洁、公路绿化、服务区污水处理、噪声防治等事务通过招投标方式，选择专业性强、实力信誉好的企业来统一管理，充分利用专业企业集中处理、专业性强、效率高等优势，改善目前公路运营管理的困境，在为国有高速公路运营企业减负的同时，更加高效、合理地提高运营管理效率。

2. 加强污染物的监控管理

道路运行过程中经常会产生道路垃圾，若不及时处理就会对道路两侧的环境以及居民生活环境造成污染，在车辆行驶过程中道路垃圾也会对驾驶人安全留下隐患。绿色公路在道路监管过程中，首先应通过加强宣传引导，提升民众安全意识，减少不良行为的发生，其次通过加强协作、立体管理保障废弃物清理整治工作的高效性，并通过完善现有机制、

建立考核奖励标准，提高群众参与管理的积极性。

3. 完善车辆的管理措施

绿色公路在运营管理阶段，须强化收费站的职能，对车辆超载、尾气超标、噪声过大等现象进行严格排查，对不符合要求的车辆进行整改处理；加强对运载化学物品、危险物品车辆的检查、管理，要求其出示相关的许可证明；严格限制没有帆布遮盖的运料车上路，保证路面的整洁，防止形成粉尘污染；大力提倡车辆使用清洁燃料，并对使用清洁燃料的车辆进行补偿和奖励，以降低车辆尾气对空气的污染，改善空气质量；严禁载有危险品的车辆在恶劣天气以及车流量高峰期上路，以保障车辆驾驶人员的人身安全；提高车辆运载率，增加大型客车在客车中所占比例，提高单车载客量、降低空驶率，在节约能源的同时减少废气污染、交通堵塞现象。通过对车辆管理的一系列措施，保障车辆及驾驶人员的人身安全，降低车辆对环境的污染。

4. 运用智能化管理系统

绿色公路在运营管理阶段，为保证公路运输系统能满足高效、安全、经济，以及可持续发展的基本要求，需倡导新技术的应用，提高道路的科技含量比例，推动智能交通系统在公路运营的应用，提高车辆运营效率。如加大 ETC 系统在道路上的应用，使得高速公路上车辆的通行效率得以提高，减少车辆在收费站口的起停频率，降低燃油的消耗，减少能源消耗和有害气体的排放。推广太阳能监控系统在道路上的应用，不仅可以节约大量的劳动力，而且在降低劳动强度的同时大幅提升工作效率，进而提高车辆在公路上的运行效率，减少停车延误，在节约能源的同时提高行车安全。

5. 强化服务区节能环保工作

服务区集诸多功能于一身且作为公路对外展示的窗口，其清洁、环保问题备受关注，故绿色公路必须采取相应的措施加强服务区的日常管理，如：在服务区超市内严格执行《公路环境保护管理》相关规定，使用可降解商品包装袋，提倡"节约用水"，严禁"跑、冒、滴、漏"现象；配备先进的热水供给系统，充分采用环保洁净技术，在保障服务区便利性的同时，满足节能、环保、经济要求；积极推广使用以 LED 灯为主的节能照明系统，为服务区相应场所安装低能耗、低噪声、易于安装维修的通风系统；采用膜生物反应器工艺及中水回用系统等先进技术，对服务区产生的废水进行处理和循环利用。

2.4.5　养护阶段

公路养护可延长公路服役寿命，改善公路的路用性能，故公路全寿命周期中公路养护必不可少，绿色公路养护阶段必须同时考虑社会、经济、环境等影响因素，采取相应的措施，保障公路养护的节能、高效性。

1. 统一养护体制，明确部门责任

绿色公路在养护管理过程中，须统一养护管理体制，并制定一系列养护管理标准，使公路养护有法可依、有章可循，还应完备养护市场竞争机制，使得政府部门可以在众多专业的养护机构中，筛选出具有机械化养护施工能力的养护企业，保证公路养护问题可以得到合理高效的解决。

2. 逐步推进养护机械化

现代高速公路车流量大、车速快，为了保证交通畅通，必须要提高公路的养护效率，将养护效率与现代高速相匹配，实现道路的现代化养护。因此，绿色公路养护，必须将道路养护进行转型升级和机械化推广，以缩短公路养护周期，降低公路养护对车辆通行效率、安全的影响。

3. 积极推行绿色公路预防性养护技术

路面预防性养护是公路养护的一种新理念，是指公路养护部门在公路路面结构良好或是路面病害发生初期，即对其进行养护，不让路面病害进一步向更深层次发展，从而达到延长路面使用寿命、保持道路完好率和平整度、提高公路质量、降低公路寿命成本、延长中修或大修期限目的的作业方式和实用手法。在公路养护中采用科学合理的路面预防性养护技术，不仅能延长路面的使用寿命，同时又能减少养护的工作时间、节约养护成本。根据路面运营情况适当超前养护，将周期性养护和预防性养护结合起来，增强公路防御能力。加大日常巡视力度，并根据不同季节的养护特点，分别进行绿化美化、桥涵汛前检查、路面修补、桥梁养护、路基标准化建设、夏季裂缝修补等专项整治工程，使路面病害得以有效控制，提高公路的运行效率，提升公路的建设品质。

第 3 章　绿色公路建设现状

国外绿色公路建设起步较早，在景观公路建设等方面已具备较为完善的理论体系，但较少考虑公路修建过程中多因素的协同作用，绿色公路建设定位单一。我国早期建设了一批以生态保护为主的生态公路及以节能低碳为主的绿色低碳主题性公路，对绿色公路展开了多年的专题性探索，随着国家、交通部的推动及公路建设者对绿色理念认识的不断深入，我国绿色公路建设逐渐向全方位、全过程的综合考虑靠拢，先后建设了三批典型示范工程，有效推动了我国绿色公路建设的发展。本章主要介绍了国内外绿色公路的建设现状，并根据我国公路自然区划及区域特色给出绿色公路建设建议。

3.1　国外绿色公路建设现状

绿色公路是针对我国具体国情提出的发展概念，而国外虽尚未明确提出绿色公路的概念，但在其公路建设决策、设计实施及建设要求等方面已充分体现了绿色理念。

部分欧美国家和澳大利亚考虑了道路建设对生态的影响，在道路设计过程中考虑生态学原则，力求保护生物多样性。

德国在公路建设时充分考虑了自然经济效益，围绕自然资源利用与保护、动植物及风景名胜保护等方面采取了多项措施。

瑞士根据动物行动路线修建了专门的动物跨线桥，桥上种植与周边环境相似的绿植以利于动物通行。

新加坡在水泥混凝土路面留出小洞穴让杂草生长，减少车辆行驶时的尘土污染的同时有效降低了路面的热辐射。

美国和加拿大基本废弃了浆砌片石等破坏自然环境的边坡防护措施，转而采用各种柔性支护和绿色措施。

美国、西班牙、荷兰等国探索了环境友好型道路建设技术，在公路两侧安装光伏板，利用光伏发电技术为人们提供清洁能源，并采用LED灯用于公路照明，减少公路能源消耗。

为方便读者了解国外绿色公路的建设概况，本书全面调查了国外典型绿色公路建设现状并汇总于表3-1。

表 3-1 国外 "绿色型公路" 建设现状

序号	国家	位置	名称	特 点	
1		佛罗里达州	1 号高速路	穿越 42 座跨海大桥，连通佛罗里达州大陆和佛罗里达群岛，公路建设与自然景观融为一体	1 号高速路
2		阿拉斯加州	苏厄德高速	侧重道路两侧生态环境及生物栖息地的保护，连接数个旅游景点，是一条极具旅游意义的公路	苏厄德高速
3		波士顿市	—	将旧的快车道改建为林荫大道，提供公园式的休闲环境及其他环保生活设施	
4	美国	密苏里州	66 号高速公路	路线穿过千禧公园，胡佛大坝等自然景观，并融入了厚重的西部风情和历史韵味，是一条举世闻名的人文景观大道	66 号高速公路
5		夏威夷茂伊岛	哈纳公路	通过增加桥隧比，防止水环境被污染，避免原生态优美环境的扰动	哈纳公路
6		旧金山	—	用连接海湾和港口的景观大道取代双层高速公路并在原高速公路处修造便于穿行的广场	
7		宾夕法尼亚州	476 号高速公路	通过设计专门照明设备，以防破坏夜间的自然生机	
8		犹他州	12 号风景道	连接众多国家地质公园，如圆顶礁，布莱斯华国家公园，以及 Escalante 森林公园，记录着亿万年地质变迁，是犹他州路的第一条得到 "全美道路" 称号的公路	12 号风景道
9	新西兰	北岛	43 号国道	完美保留了公路周边的绿色植被，被称为 "遗忘的世界之路"	43 号国道

续表

序号	国家	位置	名称	特点	点	
10	新西兰	蒂阿瑙至米尔福德	米尔福德公路	沿途经过镜湖、林间瀑布、白雪山峰、翁郁雨林及险峻深谷等数个景点，被誉为世界美的高山景观之路	 米尔福德公路	 大西洋公路
11	挪威	Vevang	大西洋公路	具有匠心独运的工程设计和独具魅力的沿线景观，被称为"通往未知之地的桥梁"		
12		特隆赫姆地区	—	利用当地丰富可再生能源作为燃料，减少二氧化碳排放		
13		—	老斯特灵山路	完全由人工开凿而成，绵延在山谷之中，夏季也能看到满山雪景		
14	法国	TourouVRe-au-Perche地区	Wattway	充分利用该地区丰富的太阳能，清洁能源的利用，全球第一条具备太阳能发电能力的公路	 Wattway	 大洋路
15		墨尔本西部	大洋路	充分展示了奥特威山脉、洛克阿德大峡谷及南太平洋优美的自然景观，并将"十二使徒岩"置于公路两侧，构成了极具观赏价值的人文景观之路		
16	澳大利亚	新南威尔士州	海岸高架公路	连接29座海滩和4个国家公园，形成了一幅具有立体感的壮阔海景，被称为伊勒瓦拉休闲海岸	 海岸高架公路	

续表

序号	国家	位置	名称	特点	点
17	芬兰	土库至瓦利马	—	通过设立充电站和生物燃油加油站，引导绿色汽车技术发展，并设置地热泵、节能路灯等节能设备，降低能源消耗	
18	俄罗斯	赤塔至伊尔库茨克	M55 公路	将公路与西伯利亚景观和贝加尔湖融为一体，并融入了布里亚特风情和俄罗斯建筑风格，使公路具有人文情怀	 M55 公路
19	阿根廷	巴塔哥尼亚	40 号公路	公路途经 18 条河流，20 个自然保护区，纵贯阿根廷的雪山、草地、森林和城镇，沿途风景动人，是世界著名的旅游之路	 40 号公路
20	英国	苏格兰	A82 公路	公路将洛蒙德湖、格伦科谷、尼斯湖等著名风景区串联到一起，威廉堡、被誉为"全英国风光最美公路"	 A82 公路
21	意大利	萨勒诺	阿马尔菲车道	公路蜿蜒在阿马尔菲海岸，通过增加隧道的比例避免对沿海岸水环境的污染，保留公路独特而美丽的自然风光	 阿马尔菲车道
22	日本	枥木县	伊吕波坂山道	途经中禅寺湖、华严瀑布等著名旅游胜地，并对沿线枫树进行了防护，保留了景观完整性，被日本评为最浪漫街道	 伊吕波坂山道

续表

序号	国家	位置	名称	特	点
23	越南	岘港至顺化	海云通道	穿过海边山林并伴有古老的法式堡垒,越南最著名的旅游公路	 海云通道
24	加拿大	不列颠哥伦比亚省	Highway 99	公路蜿蜒在群山和太平洋之间,沿途由海洋、瀑布、悬崖峭壁等俊美的风景铺成,充分地展现了由海至天的完美景致,因此这条公路也被人们称作是海天公路(Sea to Sky Highway)	 Highway 99
25		—	加拿大一号公路	横穿整个加拿大,途经诸多重要景点,加拿大突出的自驾游公路	
26		安大略/魁北克省	枫叶大道	沿途穿越峡谷、河流、山峦和湖泊,秋季枫叶会染红整个区域,色彩绚烂	 枫叶大道
27	南非	开普敦	花园大道	将公路融入自然风光,湖泊以及茂密原始森林等自然生态,并采用沿线生态防护措施防止固有生态环境的破坏	 花园大道

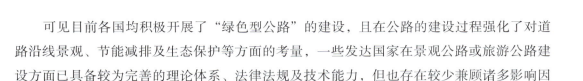

可见目前各国均积极开展了"绿色型公路"的建设，且在公路的建设过程强化了对道路沿线景观、节能减排及生态保护等方面的考量，一些发达国家在景观公路或旅游公路建设方面已具备较为完善的理论体系、法律法规及技术能力，但也存在较少兼顾诸多影响因素的共同作用，绿色公路建设定位为较为单一的问题。

3.2　国内绿色公路建设概况

"十五"以来，在国家生态建设、美丽中国、绿色发展理念引领下，交通运输部把绿色交通作为交通运输行业加强生态文明建设和实现绿色发展的战略举措，积极推进资源节约型、环境友好型交通行业建设。绿色公路作为绿色交通的重要组成部分，对于促进交通运输领域生态文明建设具有重要意义，各地相继开展了一系列绿色公路建设示范项目，对绿色公路的发展与内涵展开了大量的探索和实践，有效提升了公路绿色发展水平。

3.2.1　早期"绿色公路"

"十五"期间，交通部颁布《公路水路交通"十五"发展计划》，首次提出公路可持续发展理念，旨在合理利用、节约和保护资源，积极推进绿色通道工程建设。在可持续发展理念的引领下，四川省率先建成了我国第一条与自然环境相协调的高原生态公路——川主寺至九寨沟公路。一方面，该项目打破了公路先施工后绿化，先破坏后修复的传统理念，采取施工单位与绿化单位同时招标、同时入场、同时进行，有效地解决了因公路施工与绿化修复脱节所带来的生态破坏问题，同时采用常规绿化技术和创新的生态恢复技术，使川九公路路域内植被恢复率达到 90% 以上，有效保护了沿线的生态环境；另一方面，项目在规划设计时采取"露、透、封、诱"的原则，结合当地藏羌文化特点，赋予公路文化特色，运用环境恢复性技术、防护工程修饰美化技术、设施景观美化关键技术打造出一条环保美观的生态公路。

2003 年，陕西省建成了我国沙漠地区第一条"绿色高速走廊"——陕西榆林市至靖边县高速公路。榆靖高速正线全长 116 km，其中 70 多千米穿过中国四大沙地之一的毛乌素沙漠，而榆林市则是中国土地荒漠化和沙化危害严重地区之一。中华人民共和国成立初期，榆林市沙区面积约占 48%，林木覆盖率仅为 0.9%，为建成这条大漠绿色通道，榆靖高速采取"远绿近美、远高近低、远疏近密"的绿化原则与中央分隔带、平整绿化带、固沙造林带、封禁育草带"四带一体"的防风固沙模式，沿线栽种近 4 万亩（1 亩 $\approx 666.67\ \text{m}^2$）沙生灌木，并在公路两侧营造两条 500 m 宽的高标准放风固沙林带，形成生态绿化与防风

固沙为一体的大漠高速公路综合绿化体系，为沙区公路建设添上浓墨重彩的一笔。

2006 年，我国唯一一条穿过热带雨林的高速公路——云南思茅至小勐养高速公路建成通车。思小高速公路首次提出并采取了全方位、全过程的环境管理制度，在建设之初云南省交通厅便提出了"人与自然和谐发展"的总体方向和"保护自然、回归自然、融入自然、享受自然"的 16 字工作思路。思小公路指挥部在广泛听取专家和各界意见的基础上，将省交通厅的工作思路具体细化为"融、弱、细、突"四字方针，并确定了"宁填勿挖、宁隧勿挖、宁桥勿填"的公路建设原则，通过增设桥梁和隧道，既保留了野生动物通道又避免了大填大挖对植物的破坏，使保护区内的热带雨林与野生动物得到有效的保护。

随着可持续发展理念的不断深入，我国公路建设遵循生态环保理念，严格推行生态环境保护设计与施工环境保护，注重公路与沿线环境的融合统一，先后开展了大量绿色公路的建设探索。

为便于读者了解我国早期绿色公路建设特点，本书全面调查汇总了我国早期绿色公路建设概况，如表 3-2 所示。

表 3-2　我国早期"绿色公路"建设概况

序号	地理位置	名称	特 点		
1	四川省	川九公路	我国第一条原生态公路,设计采用"露、透、封、诱"的原则,并挖出当地藏美文化特点,赋予公路文化特色,运用环境恢复性技术,防护工程修饰美化技术,设施景观美化关键技术保证公路的生态美观	川九公路	思小公路
2	云南省	思小公路	隧道采用零开挖进洞技术有效保护植被,设置生物通道保护生物多样性,应用边坡生物恢复技术进行生态恢复并将傣族文化融入公路沿线,突显公路建设的节能生态文化理念		
3	贵州省	美丽公路	"路景交融",轻松舒畅,全面融入了"美、安、舒、绿、融"理念,打造"路在边走、车在画里行、人在景中游"的怒江大峡谷最美公路	美丽公路	贵黄高速
4	贵州省	贵黄高速	采用了陶粒混凝土声屏障技术,降低公路噪声对生态的影响,使公路与生态更加和谐		
5	西藏自治区	拉林公路	采用生态袋、生态毯等柔性生态护坡绿化技术对公路边坡和生态进行生态恢复,保证环境的完整性	拉林公路	拉萨至贡嘎机场高速
6	西藏自治区	拉萨至贡嘎机场专用公路	采用太阳能照明系统以及智能监控系统保证了道路的节能安全性能,同时在全线覆盖融入藏民族文化元素设计景观,使公路更具有文化气息		
7	重庆市	渝蓉高速	采用温拌沥青和橡胶沥青,LED隧道照明低碳节能设备减低能源消耗与环境污染,并将"黑匣子"引入公路	渝蓉高速	东毛高速
8	宁夏回族自治区	东毛高速	积极推广自动铺设防水板台车、高性能混凝土施工、隧道混合通风等技术,推进绿色低碳环保公路建设		

序号	地理位置	名称	特 点	
9	新疆维吾尔自治区	天山景观大道	应用客土喷播工艺、陶瓷栏水带材料对路堤边坡进行预防性养护，运用智能化管理技术强化道路管理	天山景观大道 新疆沙漠公路
10		新疆沙漠公路	采用了先进的滴灌技术，保证了道路两侧植物的成活率，先进的固沙技术保证公路防风固沙效果	
11		麦盖提至喀什公路	运用水力插板技术、沥青混合料动态质量监控系统、FYT1型防水涂料等新技术，新材料保证公路的品质建设	麦盖提至喀什公路 那拉提公路
12		那拉提公路	针对当地降雨量大，冬季冻融等采取盲沟排水技术，通过对路侧的高混凝土挡墙进行外挂铅丝笼内置隔渣土使环境造物与环境相容	
13	甘肃省	庆阳公路	运用沥青路面冷再生、高分子路面缝贴处治等技术提高路况质量，打造低碳绿色公路	庆阳公路 定西公路
14		定西公路	积极推广沥青路面现场冷再生和热再生技术应用、预防性养护技术，提高资源的循环再生利用率	
15	陕西省	雷西高速	采用百叶钢板镶嵌有机钢化玻璃设置声屏障、高性能PE材料设置隧道棚洞，精心打造人文生态高速	雷西高速 榆靖高速
16		榆靖高速	我国第一条沙漠生态高速公路，提出并应用了沙漠高速公路路基施工的机械选择与组合以及压实工艺，通过玻璃纤维格栅技术有效防止裂缝沙漠公路的建设	

050

续表

序号	地理位置	名称	特 点	
17	陕西省	西宝高速	运用污水生态式处理和循环利用技术满足服务区回用，实现服务区能源和水资源循环利用的目的	西宝高速 西汉高速
18	陕西省	西汉高速	应用卫星遥感、航测图像综合分析、全球定位系统、边坡柔性防护 SNS 等技术，并在道路沿线设置秦岭历史文化的雕塑群，提升公路品质	
19	陕西省	西咸北环线	应用建筑垃圾再生材料、节能环保设备和废旧轮胎橡胶粉沥青路面等环保技术，实现环保公路的建设	西咸北环线
20	青海省	峨祁公路	采取草皮回植，环保草毯植被防护，三维结构柔性生态袋防护等措施绿化公路边坡，通过混凝土构造物滑模施工工艺提高施工效率和工程质量	峨祁公路
21	湖南省	常张高速	运用了沥青路面再生密封剂，仿原生态植被复技术，并通过设置了具有湘西文化的楼阁式收费站站亭等沿线设施，打造生态景观人文道路	常张高速
22	湖南省	长湘高速	采用零仰坡进洞法、生态浅碟形暗排水沟、桥面径流污染防控技术、边坡柔性支护技术和工艺硬化公路的环保性能，并构建了高速公路突发灾害预警和应急体系保障公路安全性能	长湘高速
23	湖北省	神宜路	采用生态挡土墙技术、路侧余宽绿化技术、半桥半路与悬挑板技术、客土喷播边坡绿化技术、彩色防滑铺路料、彩色立体减速标线等技术，工艺、生态，人文特色、突显生态、人文特色	神宜路
24	湖北省	谷竹高速	运用边坡喷播植草、三维土工网植物护坡、隔音罩、封闭处理等技术，实现施工环保、道路美化	谷竹高速

续表

序号	地理位置	名称	特	点
25	湖北省	丹江口环库生态公路	主要节点设置自行车租赁站，以避免生态环境区环境的破坏与污染，并在道路沿线融入极具特色的地域文化元素	 丹江口环库公路
26	河南省	登封文化景观大道	通过将道路沿线的文化景观和道路两侧的绿化美联系起来，把"文化景观大道"标志出来	 登封文化景观大道
27	江西省	永武高速	采用桥面径流收集处理系统和水环境安全预警监测系统，应用雾区行车智能诱导系统，路侧振动带提示等安全防护；开发了基于三维地理信息系统平台下的永武高速公路管理与服务信息系统，监测路网运营	 永武公路
28	山东省	青临高速	积极推广透水沥青再生技术精心打造绿色、生态公路	 青临高速
29		青岛滨海路	运用"灵活、宽容、创作"的建设理念，灵活运用指标标准，使公路与自然环境相协调，通过设置港式停车带使公路更加方便、安全	 青岛滨海路
30		溧白高速	采用PSP乳化沥青技术、温拌沥青路面施工技术、材料再利用等技术打造绿色生态干线公路	 溧白高速
31	江苏省	武进环湖东路	运用透水路面技术、风光互补照明新技术降低能耗打造"低碳示范"公路	 武进环湖东路
32		高邮公路	采用温拌沥青、桥梁预应力智能施工技术、抗裂骨架水泥稳定碎石技术等技术，实现节能减排的目的	 高邮公路

续表

序号	地理位置	名称	特	点
33	江苏省	扬州公路	利用冷补料、微表封层、冷再生、热再生等新技术，延长公路的使用寿命，降低能源消耗	扬州公路 / 泾云景观公路
34	安徽省	泾云景观公路	实施隧道光伏供电和 LED 照明设施节能改造，并在公路建设中穿插区域文化，形成集节能、文化、景观于一体的景观大道	
35	浙江省	宁杭高速	采用智能沥青洒布技术、水泥混凝土滑模技术，并通过设置景观台，保证良好的路用性能，采用中水回用系统实现节约用水	宁杭高速 / 杭浦高速
36		杭浦高速	采用 Superpave 技术解决重载交通对路面的影响，智能化监控技术进行交通引导，碳汇技术监控碳排放引导交通绿化	
37		常嘉高速	采用钢结构、桥面排水等先进技术，对生态及水资源进行有效的保护	常嘉高速 / 杭长高速
38		杭长高速	运用温拌或高模量沥青混合料、低碳桥面铺装技术，并运用技术强化公路低碳环保，并运用车辆超限超载不停车预检系统保障行车流畅，减少污染气体排放	
39	上海市	杨高南路	采用建筑信息模型 BIM 技术对隧道三维立体协同设计，保障其安全性与便捷性	杨高南路 / 世博园区公路
40		世博园区公路	将温拌技术与排水沥青路面有机结合，采用土壤固结剂稳定建筑垃圾进行材料再利用，并在公路沿线建立雨水收集利用系统	

序号	地理位置	名称	特	点
41	福建省	沈海高速	通过精细化设计种植不同种类植物，营造道路两侧梯次美感，推行节能技术保证路面的美观	宁武高速 / 沈海高速
42		宁武高速	通过边坡绿化，构建植物复层结构以及设置园林景观等措施，增加公路的人文气息和休闲品味	
43	海南省	海榆西线	通过多元化市场融资模式，创新性地解决高速公路建设的资金问题，以保护民族风情为前提，实现道路交通、景观、游憩和保护功能的有机结合	海文高速 / 海榆西线
44		海文高速	将由原来的水泥混凝土路面改为沥青路面，完成海南首条"白"改"黑"高速公路的建设	
45	广东省	渝湛高速	运用边坡生物防护、生态沟建造、生态型桥梁锥坡建造、生态型声屏障建造等技术完成生态公路的建设，保证路况的环保和美观	钦崇高速 / 榆湛高速
46		钦崇高速	收费聚站采用自动发卡技术使行车流畅，利用自动控制技术控制LED灯光亮度，强化节能环保	
47	广西壮族自治区	桂阳公路	使用不停车检测系统、治超信息查询系统、监控系统三大科技保证行车流畅，并通过智能照明及景观恢复实现公路生态景观建设	乐百路 / 桂阳高速
48		乐百路	通过将传统声屏障降噪技术与光伏太阳能发电技术结合，采用LED节能照明及智能照明调控系统、太阳光伏、隧道零开挖进洞等技术打造绿色低碳公路	

续表

序号	地理位置	名称	特	点
49	内蒙古自治区	银巴公路	应用了草方格工程固沙、人工撒播草种和飞播草种植草等生态修复技术，减缓沙尘东移对公路的影响	银巴公路
50	山西省	晋济高速	建设以环保站环境监测中心为核心的环境监测网络对影响环境问题的一系列问题进行智能化监控	晋济高速
51		忻阜高速	采用废胎胶粉筑路技术、温青沥青混合料、隧道节能照明、太阳能综合利用发光安全诱导等技术保障公路的节能、安全性能	忻阜高速
52	河北省	石安高速	运用植物纤维毯边坡防护、沥青拌和楼"油改气"等新技术，探索生态低碳公路的建设	石安高速
53		张承高速	应用寒冷地区耐久性路面建设技术，并在沥青混合料中添加环保型沥青路面冰雪抑制剂	张承高速
54	天津市	中新天津生态城绿色生态型道路	应用淤泥固化、温拌胶粉改性沥青、排水性沥青面层等应用新技术，在人行道铺设生态砂透水砖，并在生态道路上进行雨水收集，保障道路两侧绿化	生态城道路

055

续表

序号	地理位置	名称	特	点
55	黑龙江省	哈阿高速	运用旧路沥青混凝土废料重加工、乳化沥青冷再生等技术，实现节能低碳交通	哈阿高速
56	辽宁省	沈大高速	采用旧路面加铺技术、全程自动化监控系统保证道路的节能和行车安全	沈大高速
57	吉林省	吉延高速	采用浅碟式植草边沟代替形砌石边沟，采用柔性护栏增加行车视距的通透性、强化了公路的景观性；隧道洞口采用"零开挖"进洞；路基两侧、互通及服务区绿化采用与周围环境协调的植被；采用长寿命路面结构降低公路全寿命周期成本	吉延高速
58	台湾省	台24线	道路两侧充满艺术气息的原乡部落三地门和雾台合以及德文风景区共同构成了南台湾最美的景观道路，且通过布设充电桩、加气站提升功率品质	台24线

可见，我国早期绿色公路建设围绕"生态"、"景观"等主题开展了大量探索，取得了诸多创新性的成果，探索应用了一批绿色公路建设新理念、新技术、新工艺与新材料，为我国绿色公路建设奠定了良好的基础。

1．新理念

（1）绿色理念，提出了保护自然环境、社会环境，维护生态平衡，强调了对资源的有效利用和再生循环，以实现人类与自然环境的和谐共生。

（2）智能交通理念，推进"互联网+"行动，促进大数据在公路中的发展应用，对公路交通的转型升级、提质增效，具有十分重要的作用。

（3）美丽高速理念，强调了路域环境、设施设备、"窗口"服务的全方位建设，有效促进了公路沿线经济的发展。

（4）品质工程建设理念，注重工程质量与外在品质的有机统一，提升了公路的质量、安全、环保、管理水平。

2．新技术

（1）建筑信息模型技术（BIM），实现了公路全生命周期建设过程的高效设计、可视化模拟，有力促进了工程信息高效共享和无损传递。

（2）新能源技术，如采用太阳能、发电路面、风能及地源热泵的新型供能技术，实现了清洁能源技术在公路工程中的匹配应用。

（3）钢结构桥梁，有利于降低生命周期成本、缩短建设周期且具有很强的生态环保性。

（4）充电桩与加气站，有效解决了新能源汽车的里程忧虑，为新能源汽车的普及提供便利。

（5）ETC技术拓展，如重载不停车计重收费系统（EWTC）以及ETC在停车、加油或检测等环节的应用，有效提高了公路的通行能力和服务效率。

（6）新媒体信息技术，采用短信平台、微信及微博等新媒体手段，构建公益服务与个性化定制相结合的公路出行信息服务系统，促进公路信息服务向更高效、人性化的方向发展。

3．新工艺

（1）绿色边坡防护，如喷混植生、植物板、生态挡土墙等绿色护坡工艺，有效恢复自然植被的同时明显改善了公路景观。

（2）污水处理及水循环工艺，如采用生态种植槽净化路面径流，采用集水池收集雨水资源等，有效保护了公路沿线的水土环境，促进了水资源的集约利用。

（3）拌和站"油改气"，实现了公路施工污染气体排放量和能源消耗量的显著降低。

4．新材料

（1）温拌、冷拌冷铺沥青混合料，能够显著减少施工能耗量和施工作业时间，有利于快速开放交通。

（2）材料循环利用，如旧路面材料再生利用，采用粉煤灰、煤矸石、矿渣及隧道弃渣等替代部分筑路材料，巧妙处理了建筑垃圾与工业废料，有利于材料资源的可持续循环利用。

（3）新型功能材料，如降温路面、尾气净化路面等，拓宽了公路的使用功能，有利于促进公路的多元化发展。

3.2.2 绿色低碳主题性示范项目

"十二五"期间，交通运输部提出树立绿色、低碳的发展理念，继续推进资源节约型、环境友好型交通行业建设，加快建立以低碳为特征的交通运输体系，强化节能减排，集约节约利用资源，促进资源循环利用，加强生态和环境保护，实现交通运输绿色发展。为贯彻落实交通新理念，交通运输部先后组织了一批绿色交通区域性、主题性项目，我国绿色公路建设思路由生态型公路转变为绿色低碳型公路。

2013年至2015年期间，交通运输部先后确定了三批共20个绿色低碳主题性示范公路项目，重点支持节能减排技术在公路建设运营过程中的应用，为公路建设树立行业典型，推动绿色公路发展。

1．第一批绿色低碳主题性示范公路

1）广东省——广中江高速公路绿色低碳公路主题性项目

广中江高速将"绿色设计、绿色施工、资源节约、环境友好、智慧服务"理念贯穿项目的前期、施工及运营阶段，在用地节约、环保施工技术、节能运营技术的应用、节能环保材料使用、绿色施工管理等方面做了大量研究。广中江高速全线桥梁占比达83%以上，部分路段采用与广东电网公司高压线路共用走廊，有效节省用地超1 000亩；采用橡胶粉改性沥青、温拌沥青混合料、节能型施工机械、LED及高反射节能灯降低能源消耗与环境污染，减少标准煤消耗13.9万吨，二氧化碳减排量达42.4万吨。如图3-1、3-2所示。

2）云南省——麻昭高速公路绿色低碳公路主题性项目

麻昭高速是云南首条PPP建设项目，项目地处高原山区，桥隧比高达78%，选线过程坚持地质选线降低施工难度与工程量，地形选线使线性连贯流畅，环保选线减少高填深挖，实现规划设计阶段节能16 236 t标准煤。针对绿色低碳施工建设开展了大量的研究，采用温拌沥青混合料与路面材料冷再生技术有效减少标准煤消耗960.25 t标准煤，减少二氧化碳排放1 569.78 t。通过隧道弃渣再利用有效提高资源利用率，隧道采用低能耗通风

照明技术，沿线采用压电发电技术及风光互补照明系统，17 条隧道每年节约电费上千万元，有效降低了能源消耗与碳排放。如图 3-3、3-4 所示。

图 3-1　广中江高速高压线路公用走廊

图 3-2　广中江高速建桥节地

图 3-3　麻昭高速

图 3-4　麻昭高速压电发电路面

3）河南省——三淅高速公路绿色低碳公路主题性项目

三淅高速以推广应用绿色循环低碳技术为重点，围绕节能减排、资源循环利用及绿色环保进行试点。节能减排方面采用耐久性路面体现全寿命周期节能减排理念，采用 LED 节能灯、分布式节能供电系统、隧道通风智能控制等技术实现施工期节约标准煤 11 854.41 t，减排 121 888.92 t，运营期节约标准煤 9 012.24 t，减排 9 927.77 t；资源循环利用方面将隧道弃渣用于造地及路基或底基层填筑，表土用于造地及工程绿化，最大限度地利用了弃渣及表土资源，增加了耕地资源；绿色环保方面设置桥面径流净化及路面径流净化工程保护周边敏感水环境，开展路域植物保护与恢复工程保护原生植被约 20 万平方米，营造碳汇林 8.5 万立方米。

图 3-5　三淅高速隧道口　　　　　　　　　　图 3-6　三淅高速隧道节能照明

4）河北省——京港澳高速（京石段、石安段）公路绿色低碳公路主题性项目

京港澳高速京石段与石安段分别入选绿色公路主题性示范项目，从不同方面对绿色低碳公路建设展开探索。

京港澳高速京石段在科技示范方面，推广应用了三维激光扫描测量技术、数字化多维度综合信息智能管理平台等 24 项技术；绿色环保方面，下面层采用橡胶沥青混合料显著消耗废旧轮胎，有效降低环境污染，采用植物纤维毯防护技术实现边施工变绿化，打造全线绿色走廊；节能低碳方面，通过拌和楼"油改气"有效节约能源消耗成本约 2 100 万元，采用光伏发电并网技术减轻对电网的依赖，利用地源热泵技术实现标准煤节约 2 768.95 t/a，二氧化碳减排 6 902.99 t/a。

京港澳高速石安段在绿色施工方面，采用沥青拌和楼"油改气"技术、温拌沥青混合料技术和高性能混凝土等技术不仅节约了资源且减少了对生态环境的污染和破坏，如采用粉煤灰代替部分水泥，全线节约水泥 13 万吨，降低二氧化碳排放 25% 至 40%；服务区方面，采用地源热泵技术实现采暖及制冷，采用 LED 节能灯及太阳能热水器减少能源消耗，建设分布式一体化建筑太阳能并网即发即用发电系统实现年发电量 24.74 万千瓦时，节约标准煤 82.36 t，减排 228.11 t；运营管理方面，采用全线智能化管理，实现道路视频监控全覆盖，收费广场设置 ETC 车道，有效减少了车辆延误及燃油消耗。如图 3-7、3-8 所示。

5）江苏省——宁宣高速公路绿色低碳公路主题性项目

宁宣高速针对路面改造工程、桥梁工程、交安设施工程、服务区房间工程、信息化建设工程等领域采用温拌沥青技术、成品橡胶沥青技术、高模量沥青混合料技术、低碳桥面铺装技术、低碳桥梁结构技术、太阳能光伏分布式电站、地源热泵、建筑外立面墙体保温等节能减排新技术，实现宁宣高速的全寿命周期低碳、节能效应，项目总节能量达 126 962 t 标准煤、减排量达 275 725 t。如图 3-9、3-10 所示。

图 3-7 京港澳高速光伏停车棚

图 3-8 京港澳高速数字化多维度综合信息智能
管理平台

图 3-9 宁宣高速

图 3-10 宁宣高速太阳能光伏分布式电站

6）四川省——成渝高速公路绿色低碳公路主题性项目

成渝高速在路线设计方面从全寿命周期成本角度分析比选路线总体方案；路基路面方面，采用低碳路面材料、温拌沥青技术、废旧材料循环利用等手段有效降低路基路面施工能耗及碳排放；桥梁及互通方面，根据全寿命成本分析综合比选桥型，合理选择桥位，缩减工程规模；隧道方面，坚持地质、地形、环保、安全选线，保证隧道功能及环境的和谐统一，保证方案的合理性及对环境影响的最小化；服务区及绿化方面，按照"节能建筑"标准建设服务区，采用优化采光及通风，采用低碳建筑材料、节能环保设备、新能源技术等手段建设绿色低碳服务区，按照森林公路要求绿化路侧，实现路域碳汇生态建设。如图 3-11、3-12 所示。

2. 第二批绿色低碳主题性示范公路

1）吉林省——鹤大高速绿色公路主题性项目

鹤大高速针对生态环保要求开展基于生态补偿的湿地营造技术研究，保护沿线植被；采用沥青拌和楼"油改气"、施工期供电永临结合、照明节能与智慧控制技术等措施实现项目的节能减排;利用废旧资源循环利用技术实现废橡胶、表土、隧道弃渣、火山灰、粉煤灰的利用,在践行节能减排的同时有力提高了资源利用水平;应用隧道保温防冻技术、隧道温拌阻燃沥青、橡胶粉 SBS 复合改性沥青技术、腐殖土复工技术等手段降低能源消耗,保证公路的耐久性;将被动式技术理念引入高速公路服务区设施建筑,推广应用了寒区高速公路服务区节能关键技术,实现了服务区提高节能标准15%,达到65%的目标。如图3-13、3-14 所示。

图 3-11　成渝高速隧道与周围环境和谐统一

图 3-12　成渝高速沿线绿化

图 3-13　鹤大高速橡胶粉改性沥青路面

图 3-14　鹤大高速节能照明

2)江西省——昌樟高速绿色公路主题性项目

昌樟高速在服务区综合应用太阳能光伏发电技术、节能照明、智能节能供电、公众信息发布、生态污水处理等新技术,打造绿色环保低碳服务区;选择具有吸收汽车尾气功能的植物建设碳汇林;在沥青路面施工中集成应用温拌沥青混合料技术、旧路面冷再生技术、稳定性橡胶沥青路面铺筑技术、耐久性路面铺筑等技术,在实现路面铺筑节能减排的同时有效地提高了路面的耐久性;采用公众服务与低碳运营指示系统、车辆超限超载不停车预检系统、ETC、能耗统计监测管理信息系统等技术打造集节能减排、安全智慧于一身的低碳智慧高速。如图3-15、3-16 所示。

图 3-15　昌樟高速

图 3-16　昌樟高速服务区光伏发电

3）贵州省——道安高速绿色公路主题性项目

道安高速针对沿线环境敏感特点，采用污水处理技术、跨敏感水体桥梁径流处理与事故应急系统，有效保护水源地水体；基于全寿命周期成本理念，实施耐久性路面、高性能混凝土、橡胶沥青路面等专项工程，突出安全耐久的项目特色；隧道弃渣及表土再利用，减少土地占用，实现资源节约；采用沥青拌和站"油改气"、温拌沥青混合料技术，建立能耗监测系统减少施工期能耗，可节约 205 829 t 标准煤燃烧，减排 206 179 t；采用车辆超限超载不停车预检系统、ETC 技术，全线隧道采用 LED 灯与智能通风控制技术，建立运营能耗统计监测管理信息系统，减少运营能耗，每年可节约标准煤 19 499 t，减排21 901 t。如图 3-17、3-18 所示。

图 3-17　道安高速

图 3-18　道安高速隧道

4）青海省——花久高速绿色公路主题性项目

花久高速在设计阶段坚持地质选线，降低施工难度及能耗，坚持地形选线，选用连续均衡的平纵面指标提高行车安全性与舒适性，降低道路能耗，坚持生态选线与景观选线，将当地民俗特色及风土人情与自然环境相融合，追求"路、景、人"的和谐统一；实施多年冻土路基综合处治技术、高原寒区温拌沥青路面、高性能抗冻混凝土、隧道保温防冻等专项工程，体现全寿命周期成本的理念；采用电网集中供电、节能施工机械、LED 节能灯、隧道通风智能控制系统减少施工及运营期能耗，体现节能减排的理念，项目预期可节约标准煤 62 100.6 t，减排 238 074.2 t。如图 3-19、3-20 所示。

图 3-19　花久高速　　　　　　　　　　图 3-20　花久高速隧道保温防冻

5）广东省——港珠澳大桥绿色公路主题性项目

港珠澳大桥是世界上最长的跨海大桥、世界上最长的钢结构桥梁、世界上最大的海中桥隧工程，拥有世界最长的海底公路沉管隧道，以"智能、绿色"为理念，全面构建了我国首个智慧口岸。港珠澳大桥针对不同工程对环境的影响，对建造方式和材质采取针对性处理，如东西人工岛的建筑采用清水混凝土工艺建造，CB05 标段采用高性能海工混凝土，既保证了工程质量又起到良好的节能减排效果；首次提出工程能耗和排放的内源性与外源性概念，构建建设期及运营期节能减排核算评价系统，采用沉管隧道多目标智能通风控制系统、隧道照明节能技术有力地减少了通风及照明能耗，设计并网光伏系统有效降低工程外购电力消耗。如图 3-21、3-22 所示。

图 3-21　港珠澳大桥　　　　　　　　　图 3-22　港珠澳大桥人工岛

3．第三批绿色低碳主题性示范公路

1）安徽省——岳西至武汉高速公路安徽段创建绿色公路项目

岳武高速坚持节能选线、环保选线，确定最优路线方案；贯彻全生命周期理念，隧道采用复合式耐久性沥青路面结构、长大纵坡路段采用双层高模量沥青混凝土建设耐久性路面；应用隧道弃渣利用技术、废旧橡胶沥青路面技术、污水雨水资源化等技术实现项目资源节约；采用隧道温拌沥青、光面爆破、秸秆纤维毯、施工期集中供电、沥青拌和站粉煤气化改造等措施实现施工期节能减排，广泛采用 LED 节能灯、ETC、治超不停车预检等手段，隧道采用通风智能控制系统实现运营期节能减排，施工期节约标准煤 10 406.51 t，减排 53 577.33 t，运营期年节约标准煤 4 732.67 t，减排 1 919.24 t。如图 3-23、3-24 所示。

2）广东省——广佛肇高速公路肇庆段创建绿色公路项目

广佛肇高速采用"BOT+EPC"建设模式，实现设计、施工的无缝衔接；规划设计阶段选线坚持地形选线、地质选线、环境选线、规划选线，减少对自然、生态、水资源环境的影响；建设施工阶段，循环利用隧道弃渣、建筑废渣等材料实现资源与土地节约，采用沥青拌和楼"油改气"、节能设备等手段实现节能减排；运营养护阶段，采用 LED 节能灯、隧道照明智能控制、隧道智能通风控制、ETC、治超不停车预检系统等手段减少运营期能耗。如图 3-25、3-26 所示。

图 3-23　岳武高速

图 3-24　岳武高速隧道效果图

图 3-25　广佛肇高速

图 3-26　广佛肇高速地形选线

3）贵州省——盘兴高速公路创建绿色公路项目

盘兴高速针对西南喀斯特山区气候及地质条件特点开展低碳节约选线、耐久性路面、块片石自密实混凝土施工技术、机制砂技术等研究实现项目的绿色、节约、低碳、耐久要求；采用沥青拌和楼"油改气"、温拌沥青路面技术、大厚度水温全幅全厚一次摊铺技术、施工期能耗统计监测信息系统等减少施工期能耗，采用隧道光伏智能照明技术、自然光导入隧道照明技术、生态脆弱地带隧道零开挖进洞技术、隧道水压聚能光面爆破技术减少隧道施工及运营能耗，建设期间共节约标准煤5.13万吨，减排11.6万吨，节水60.45万吨，节约占地约700亩。如图3-27、3-28所示。

图 3-27　盘兴高速

图 3-28　盘兴高速隧道光伏照明

4）湖南省——南益高速公路创建绿色公路项目

南益高速从全寿命周期角度考虑，采用UHPC轻型组合梁有效减少了桥梁后续维修费用，采用路基水载预压技术夯实路基取得了良好的节能环保效果，采用桥梁施工泥浆循环利用、污水处理再利用、混凝土智能喷淋养生系统、路/桥面径流收集技术等有效保护公路沿线水资源，采用集中电网供电、腐殖土再生、T-C钢管桩等先进技术，设置生态隔离珊、生态边沟，打造节能生态公路。如图3-29、3-30所示。

图 3-29　南益高速

图 3-30　南益高速路基水载预压

5）云南省——香丽高速公路创建绿色公路项目

香丽高速采用 PPP 建设模式，提出"2234"的设计理念，即：二控制，控制工程投资和特大工程；二节约，节约耕地和资源；三匹配，与地形地质条件相匹配、与环境承载能力相匹配、与城镇规划相匹配；四突出，突出安全、突出地质和气象环境选线，突显民族文化，突出旅游资源进一步提升。采用太阳能供水供电、LED 节能、生态边坡防护、风光互补照明、隧道通风照明智能控制系统、温拌沥青路面、拌和楼"油改气"、ETC 等新技术，实现绿色、生态、低碳型公路建设。如图 3-31、3-32 所示。

图 3-31　香丽高速　　　　　　　　图 3-32　香丽高速生态边坡防护

6）广西壮族自治区——柳州至南宁高速公路创建绿色公路项目

柳南高速围绕绿色能源、绿色服务区应用、绿色施工技术、智慧公路、资源节约和循环利用等方面建设绿色低碳型公路。运用 GPS、航空摄影、遥感等先进的地质勘察技术，提高勘察设计质量与效率；通过水环境敏感区径流系统、生态护面墙、声屏障工程、固碳植被建设实现公路的绿色环保；通过沥青拌和站"油改气"节约标准煤 3 340 t，减排 12 000 t，应用出行信息服务系统、ETC 不停车收费、雾区智能诱导系统、绿色通道融合系统、超限超载预检系统等新技术，提高道路通行效率，有效降低车辆延误能耗及碳排放。如图 3-33、3-34 所示。

图 3-33　柳南高速　　　　　　　　图 3-34　天然气生产沥青节能环保

7）甘肃省——连霍国道主干线兰州南绕城高速公路创建绿色公路项目

兰州南绕城高速采用隧道弃渣及表土资源再利用、水土保持生态科技新技术、预制梁养生水自动喷淋循环利用、桥面径流处置等技术实现绿色环保与资源节约；采用石墨烯复合胶粉改性沥青混合料、3D 摊铺工艺、凝冰智能预警及自动化处置等新技术、新工艺保证了公路质量与通行安全；针对兰州地区太阳能资源丰富的提点，采用集热板式太阳能热水器、太阳能 LED 灯节约电能，应用拌和楼"油改气"、温拌沥青、高性能混凝土、公路节能照明、施工期集中供电等绿色施工技术降低施工能耗与碳排放，建设期共节能 3.06 万吨标准煤，减排 25.14 万吨。如图 3-35、3-36 所示。

图 3-35　兰州南绕城高速

图 3-36　兰州南绕城高速边坡处置

8）陕西省——黄延高速公路扩能工程创建绿色公路项目

黄延高速在建设与施工阶段采用耐久性路面、预制件标准化施工等手段保证工程质量，采用桥面径流净化与事故应急系统、声屏障、胶粉改性沥青、隧道弃渣及表土再利用、粉煤灰利用、循环养生水等措施实现绿色环保与资源的循环利用，采用太阳能热水器、天然气供暖实现项目建筑区域的节能减排，采用温拌沥青路面、高性能混凝土、施工期集中供电、散装水泥工程等措施减少施工期能耗及碳排放；运营及养护阶段采用隧道 LED 节能灯照明、隧道智能通风控制、ETC、超载超限不停车预检管理系统、公路房建设施智能供电系统等措施减少公路运营期能源消耗与碳排放。如图 3-37、3-38 所示。

随着绿色理念的发展，公路建设遵循全寿命周期成本理念，将绿色发展理念贯穿于规划、设计、施工、运营、服务的全过程，积极应用节能技术与清洁能源实现公路建设运营的绿色低碳化，不断推进绿色选线技术、隧道智能通风控制、节能照明技术、混合料节能技术、ETC、超载超限不停车预检系统等节能低碳新技术、新设备的应用，取得了显著的绿色低碳效益。

绿色选线技术，麻昭高速、成渝高速、广佛肇高速等项目结合地质选线、地形选线、环保选线等多种选线原则实现公路线型与自然环境的协调一致，缩减工程规模，在规划设计阶段实现良好的节能减排效果。

图 3-37　黄延高速

图 3-38　黄延高速隧道节能照明

隧道智能通风控制技术，在麻昭高速、三淅高速、成渝高速、道安高速、花久高速、港珠澳大桥、岳武高速、广佛肇高速、香丽高速、黄延高速等工程中已得到广泛应用，有效降低了隧道运营期能源消耗。

节能照明技术，广中江高速等超过二分之一的项目已在全线采用发光效率高、耗电量低、使用寿命长的 LED 节能灯具；麻昭高速、港珠澳大桥、广佛肇高速、盘兴高速、香丽高速等项目采用了隧道照明智能控制技术，有效减少了运营期能源消耗；麻昭高速、香丽高速等项目成功应用了风光互补照明技术，有力地推动了节能照明技术与绿色能源在道路中的发展。

混合料节能技术，广中江高速等近三分之二的项目探索应用了温拌沥青混合料技术；京港澳高速京石段和石安段等近三分之一项目实施了沥青拌和站"油改气"，有效降低了施工能耗及有毒气体排放。

ETC 与超载超限不停车预检系统，昌樟高速、道安高速、岳武高速、广佛肇高速、柳南高速、黄延高速等项目均采用了 ETC 与超载超限不停车预检系统，有效减少了车辆通行延误，降低了车辆运行能耗及碳排放。

3.2.3　交通运输部绿色公路建设典型示范工程

1. 绿色公路建设典型示范工程概况

早期生态公路、绿色低碳公路等主题性项目的探索与实践为绿色公路建设提供了宝贵的经验与技术积累，在此基础上，我国绿色公路建设理念与技术逐渐走向成熟，绿色公路发展方向不再针对某个"主题"，逐渐向全方位、全过程的综合考量靠拢。

2016 年，为践行绿色交通理念，完成《交通运输节能环保"十三五"发展规划》目标，

推进绿色公路建设，交通运输部印发《关于实施绿色公路建设的指导意见》并相继公布了三批绿色公路建设典型示范工程项目，项目类型涵盖了高速公路、独立大桥及普通国省干线公路，项目性质包括了新建和改扩建，实现了各省（自治区、直辖市）全覆盖。

为方便读者了解各示范工程建设概况及特点，本书全面总结在建或建成的绿色公路建设典型示范工程项目建设概况（第二批示范工程中国茶海公路源潭至凤岗段、第三批示范工程大广高速公路奈曼旗至营口联络线福兴地至阜新段、国道 G561 线当雄县宁中乡至林周县松盘乡段改造工程暂无相关建设信息公布），并将其按照建设理念、生态环保、资源节约、节能低碳、品质建设、安全智慧、服务提升七个方面分类汇总。

1）第一批绿色公路建设典型示范工程

（1）江西省——广昌至吉安高速公路

建设理念：遵循"智慧创新，绿色品质，匠心独运，追求卓越"的建设理念。生态环保：优化线路，绕避铀矿、生态敏感区；多种措施进行扬尘防治；建立钢栈桥，沉淀池减少水污染；带绿施工，开挖一级坡、绿化一级、防护一级，推广应用工程创面近自然生态修复技术。资源节约：跨桥调配土方；全方位永临结合节约土地；表土资源再利用；因地制宜采用低路堤方案。节能低碳：LED 节能灯代替传统灯具；屋顶与停车位建设光伏发电系统；运用智能数控弯曲机、智能张拉仪等新型节能设备；沥青拌和楼油改气。品质建设：推广应用钢混叠合梁桥、橡胶粉改性沥青路面、排水降噪改性沥青路面；运用施工质量监测信息化系统等管理信息化手段；预制件采用标准化设计与工厂化生产，通道和涵洞采用装配式技术；桥梁 BIM 技术。安全智慧：收费站采用自动发卡系统。服务提升：建设绿色海绵服务区；打造与自然景观、历史人文相融合的公路沿线景观。如图 3-39、3-40 所示。

图 3-39　广吉高速

图 3-40　广吉高速排水降噪路面

（2）广西壮族自治区——银川至百色高速公路乐业至百色段

建设理念：充分考量全寿命周期，落实"使用者优先"建设理念。生态环保：多种设备配合抑制施工扬尘；模拟自然湿地，实现水质净化，保护生态平衡；边坡生态防护；机械发泡法温拌沥青混合料技术。资源节约：隧道弃渣再利用；永临结合；表土资源剥离再利用。节能低碳：隧道照明节能控制系统；智控型 LED 照明灯；太阳能突起路标；分布式太阳能光伏技术等清洁能源应用。品质建设：隧道"零开挖进洞"施工；临边防护及标志标牌标准化；建立路面施工智能集控中心、数字化隧道智能一体化管控系统；BIM 技术辅助设计。安全智慧：北斗卫星监测系统、长大下坡预警系统、低能见度行车安全诱导系统等；行车安全智能引导标志。服务提升：服务区建设停车管理云服务平台、智慧高速公众出行服务平台、智能 Wi-Fi 系统、电动汽车充电站/换电站；景观布局结合沿线民风民俗和自然地貌。如图 3-41、3-42 所示。

图 3-41　乐百高速生态边坡

图 3-42　乐百高速特色服务区

（3）北京市、河北省——延庆至崇礼高速公路

建设理念：提出"生态引领、低碳集约、景观融入、服务共享、智慧创新"五大理念。生态环保：生态选线，绕避生态敏感区；设置警示标志牌、较高桥隧比保证野生动物通行；施工扬尘、噪声和隧道有害气体监测；增设自动化控制系统的桥区雨水收集系统，污水处理中水回用系统；九级连坡修复；铺设防冰雪路面。资源节约：三线共构、四线共位、五线共廊，集约利用土地资源；表土剥离再利用；永临结合，服务地方经济；隧道弃渣资源化利用；粉煤灰、矿渣等工业废料再生循环利用；采用纤维混凝土等新型材料。节能低碳：供配电节能系统；变色温 LED 灯；沥青混合料冷再生技术；隧道互补式通风、自动调节照明系统、智能通风照明；光伏发电系统；建立能耗监测统计系统。品质建设：采用高性能混凝土、防冰雪路面、低噪声橡胶路面、尾气降解路面；钢结构桥梁；BIM+GIS 技术应用于设计、施工阶段；应用智能沉降检测仪等新设备、建立基础设施综合交通数据感知体系。安全智慧：车辆自动化编队行驶；北斗定位系统；特长隧道疲劳驾驶灯光唤醒技术；具备人工智能特点的高速公路应急指挥和救援系统；ETC 车道。服务提升：沿线设置观景台、

停车区、旅游信息指示与引导等游憩服务设施；服务区增设房车营地、充电桩、智慧卫生间、智慧停车、智能机器人，完善无障碍设施；打造与自然环境、地域文化相融合的公路沿线景观。如图3-43、3-44所示。

图3-43　延崇高速路侧感知设备

图3-44　延崇高速隧道智能机器人记录车路
协同情况

（4）浙江省——温州瓯江北口大桥

建设理念：以建设绿色品质大桥、打造综合交通样板为目标，围绕优质耐久、安全舒适、经济环保、社会认可的总体要求打造绿色发展之路。资源节约：统筹利用通道资源；永临结合；临时场地三集中。品质建设：BIM+互联网建设管理平台；建养一体化平台；钢结构桥梁；预制构件工厂化；QHES管理体系；施工监测和健康监测一体化；工程质保信息化模块。服务提升：桥梁设计结合城市规划、人文、自然环境特点。如图3-45、3-46所示。

图3-45　施工中的瓯江北口大桥

图3-46　瓯江北口大桥示意图

（5）安徽省——上海至武汉高速公路无为至岳西段

建设理念：以"质量优良、安全耐久、资源节约、生态环保、节能高效"为建设目标。生态环保：绕避生态敏感区；废弃农作物秸秆用于边坡防护；敏感水体路段径流收集，设置应急池与沉淀池。资源节约：集约利用通道资源；优化路线方案，实现填挖平衡；因地制宜采用低路堤、浅路堑方案；表土、弃渣、旧路材料再利用；土石方填挖平衡。节能低碳：温拌沥青混合料；供配电节能系统；LED 节能灯；隧道智能照明控制系统；隧道蓄光型发光涂料。品质建设：长寿命路面结构设计；钢结构桥梁；零开挖进洞；小型预制构件标准化；装配式涵洞通道。服务提升：APP 数字终端；充电桩。如图 3-47、3-48 所示。

图 3-47　无岳高速桥梁示意图

图 3-48　无岳高速互通区示意图

（6）湖北省——麻城至竹溪高速公路大悟段

建设理念：打造"理念新、质量优、环境美、特色强"的绿色环保高速公路。生态环保：地质选线、环保选线；设置警示标志标识牌、野生动物通道；路基生态防护，"无痕化"绿色施工；生态排水沟，路面径流多层处理，生态型污水处理及中水回用系统；生态吸声砖声屏障。资源节约：选线绕避基本农田，避免高填深挖；场地"四集中"布设，永临结合；表土、弃渣、养护用水再利用。节能低碳：LED 照明、太阳能热水器；风光互补发电；施工期集中供电；智能供配电技术。安全智慧：ETC 车道、整车式计重收费系统。服务提升：服务区建设新能源电动汽车快速加电站；红色文化特色景观打造。如图 3-49、3-50 所示。

图 3-49　麻竹高速路面施工

图 3-50　麻竹高速生态边坡

（7）海南省——万宁至洋浦高速公路

建设理念：将绿色公路设计理念作为核心设计理念，坚持最小破坏、最大保护原则，采用"代建＋监理一体化"建设模式，重点开展资源利用、生态保护、"交通＋旅游"等方面的探索与实践。生态环保：地形选线、地质选线、环境选线、规划选线，保护植被；路基生态防护，缩短裸露边坡暴露时间，"无痕化"绿色施工，边坡防护与绿化随主体建设同步进行；泥浆沉淀池。资源节约：合理选线，减少高填深挖，实现填挖平衡；表土、弃渣再利用；永临结合。节能低碳：沥青混合料温拌技术、温拌沥青摊铺工艺；沥青拌和站油改气。品质建设：应用绿色高性能混凝土；采用振荡压路机压实路基，精铣刨去除混凝土桥面板浮浆；3D摊铺技术立体控制摊铺的高程精度和平面精度；绿色标准化施工，小型构件工厂化集中预制。服务提升：观景平台、房车营地、休闲园路、沿线园林景观。如图3-51、3-52所示。

图3-51　万洋高速互通区

图3-52　万洋高速生态边坡

（8）云南省——银川至昆明高速公路昆明至磨憨联络线小勐养至磨憨段

建设理念：坚持"保护环境、绿化美化、融入自然、经济合理"的指导思想，倡导"保护融合、生态恢复"的公路建设理念。生态环保：生态选线；野生动植物保护；桥面径流收集系统；边坡修复，开挖一级、防护一级、绿化一级；暗埋式边沟、生态植草边沟。资源节约：隧道弃渣再利用，既有道路、桥梁、废旧资源再利用；永临结合。节能低碳：LED节能灯、隧道智能通风、太阳能供热、监控系统太阳能供电。品质建设：钢结构桥梁。安全智慧：ETC通道。服务提升：服务区设置充电桩；新建的全幅或扩建的半幅走廊带进行绿化生态的恢复及景观打造，原有半幅走廊带进行景观绿化提升，使新扩建半幅走廊带与原有走廊带协调、统一。如图3-53、3-54所示。

2）第二批绿色公路建设典型示范工程

（1）内蒙古自治区——丹锡高速公路克什克腾至承德联络线克什克腾至乌兰布统段

建设理念：以实现保护生态、服务旅游、低碳节能、品质提升为总体建设目标，统筹考虑规划设计到运营服务全过程。生态环保：生态选线；采用雾炮机、定时洒水等方式施工降尘；格状沙柳值草保护边坡；泥浆分离与循环处理。资源节约：预制梁板喷淋养生通过供水、用水、回收、沉淀循环利用系统达到节约用水目的，使废水无污染排放；永临结合；集约通道资源，降低土地占用。节能低碳：服务区建筑采用节能照明方案。品质建设：标准化施工；钢结构桥梁；高性能混凝土；互联网＋工程管理数据采集＆共享服务平台、人员机械设备管理系统、智能化监控信息平台、二维码技术。服务提升：服务区建设充电桩、展板、指示牌、房车营地灯服务等设施；地域文化景观融合，展现草原青铜文化及蒙古游牧文化。如图 3-55、3-56 所示。

图 3-53　小磨高速生态边坡

图 3-54　小磨高速隧道景观打造

图 3-55　经乌高速生态边坡

图 3-56　经乌高速桥梁施工现场

（2）吉林省——延吉至长春高速公路龙井至大蒲柴河段

建设理念：从"突出地域特点，统筹项目重点"入手，构建"资源节约、节能降耗""品质提升、环境友好""交旅融合、展示特色"三大示范板块，充分展示长白山区的特色景观、风土人情、民俗文化。生态环保：原生植被保护、生态恢复技术、营造微地形；绿色加筋格宾挡墙；扬尘、噪声防治；泥浆处治；采用梯形、蝶形止水带。资源节约：线形优化实现填挖平衡；表土、弃渣再利用。安全智慧：ETC 车道。品质建设：基于 BIM 的隧道施工动态设计管理平台；施工标准化。服务提升：微地形手法营造园林景观；收费站、互通区、服务区等节点展现地域文化特色。如图 3-57、3-58 所示。

图 3-57　龙蒲高速沥青路面施工

图 3-58　龙蒲高速 ETC 车道

（3）浙江省——沪陕高速公路溧阳至宁德联络线淳安段

建设理念：重点围绕千岛湖水源地保护，聚焦民生路、旅游路、振兴路，全力打造"资源节约、环境友好、运行舒适、服务完善"的绿色公路示范工程。生态环保：以桥代路、以隧代挖、移挖作填；隧道水压聚能光面爆破、边坡复绿；三级沉淀池，临湖施工区域采取"雨污分离处理"方式，水中桩基钻进及清孔采用气举反循环工艺；裸露边坡全覆盖式绿化及防护工程。资源节约：合理调配土石方；智能喷淋养护系统、施工区雨水循环利用系统；表土再利用。节能低碳：温拌沥青混合料；隧道采用 LED 智能控制系统和智能通风技术；光伏发电技术。品质建设：施工质量标准化管理、土建与路面施工一体化管理、BIM 技术。服务提升：沿线景观展现。如图 3-59、3-60 所示。

图 3-59　千黄高速互通区

图 3-60　千黄高速隧道洞口示意图

（4）山东省——京沪高速公路莱芜至临沂段改扩建工程

建设理念："匠心担当，铸造品质京沪"、"科技赋能，成就智慧京沪"、"生态为先，璧画绿色京沪"、"牢记使命，创建和谐京沪"。生态环保：实时环境监测，采用配备车辆冲洗设备、雾炮降尘、传送带封闭等措施降低扬尘；"水 - 土 - 生"三大生态修复关键技术。资源节约：表土、隧道弃渣等废旧材料再生利用；场站永临结合；自动喷淋养生。节能低碳：沥青混凝土温拌技术；滑触式供电系统。品质建设：钢结构桥梁；全自动电子称量；混凝土拌和数据实时上传；砂石在线水洗；智能张拉与压浆预制梁钢筋骨整体绑扎吊装入模工艺；工艺标准化；不锈钢复合模板；高效水基脱模剂；BIM 技术，BIM 智能管控大厅，4D 施工模拟；倾斜摄影技术辅助土石方计算。安全智慧：ETC 车道。如图 3-61、3-62 所示。

图 3-61　京沪高速　　　　　　　　　　　图 3-62　京沪高速收费站

（5）福建省——沈海高速公路莆田至炎陵联络线永泰梧桐至尤溪中仙段

建设理念：以"山水古镇、清新永泰"为景观主题，打造集交通动脉、生态绿脉、文化根脉、旅游景脉于一身的品质公路。生态环保：混凝土砂石分离设备；智能 APP 喷淋养生；生态边坡打造；雾炮除尘。资源节约：优化设计方案，合理采用路改桥等措施；弃土场选址避让基本农田；弃土与改地、造地、复垦结合；隧道弃渣再利用；中水回用技术。节能低碳：LED 节能灯；太阳能、空气能技术。品质建设：桥梁组合钢模板、环氧磷酸漆新型脱模剂；轻质铝箔 - 玻璃纤维复合型装卸式隧道逃生避险装置；隧道湿喷机械手；路基连续压实检测设备；智能化二衬台车；坡度智能控制系统；梁预制场信息化管理；联网联控的公路建设信息化管理系统；工程建设监管一体化平台；特种设备操作人员人脸识别系统；人员定位系统；BIM 技术；工程二维码技术。如图 3-63、3-64 所示。

（6）湖南省——长沙至益阳高速公路扩容工程

建设理念：坚持全寿命周期、全要素考虑，将绿色公路理念贯穿于项目规划设计、施工建设到运营维护全过程。生态环保：生态选线；采用除尘膜、砂石分离利用、雾炮机、洗车池等多种措施开展施工除尘工作；泥浆池；生态浅碟型边沟，生态隔离栅。资源节约：集约利用通道资源；以桥代路；场地"三集中"布设；桥面、路面径流收集；表土、建筑垃圾、旧沥青路面材料、石渣等废弃资源再利用；永临结合。节能低碳：建筑保温、清洁能源、再生能源、节能通风与自然采光技术。品质建设：钢混结构桥梁，钢结构桥梁虚拟预拼和检测技术；高性能混凝土；排水沥青路面；施工现场标准化、施工工艺标准化、实验室建设标准化；计量变更管理系统等互联网＋信息化手段；BIM 技术；智能张拉、压浆、压实；石墨烯防腐涂料等新工艺、新设备、新材料应用；智能化、装配化施工。安全智慧：智能化及网联化改造，自动驾驶、车路协同服务。服务提升：服务区充电桩、光伏停车棚建设。如图 3-65、3-66 所示。

图 3-63　莆炎高速生态边坡

图 3-64　莆炎高速智能 APP 喷淋养生

图 3-65　暗埋式路堑浅碟型边沟

图 3-66　π 形钢混结构桥梁断面示意图

（7）广东省——汕头至湛江高速公路惠州至清远段

建设理念："科技引领、创新管理、绿色修筑、铸造精品。"生态环保：生态式声屏障；原生植被保护；水幕、移动式除尘水炮、除尘池等多种措施除尘；隧道水压爆破技术；桥面径流收集处理与监测预警系统；边坡生态修复；环保型公路隧道傍山棚洞；装配式钢板环保泥浆池。资源节约：隧道弃渣再利用；永临结合。节能低碳：建筑围护结构节能。品质建设：原材料智慧监控；沥青混合料 GTM 法设计、振动拌和水稳碎石抗裂技术、隧道绿色低碱湿喷混凝土技术；智能压实技术；排水降噪沥青路面；沥青路面无损检测技术。

安全智慧：互联网＋智慧出行服务系统；出行交通信息服务系统；低能见度特殊路段行车安全智能诱导系统。服务提升：人性化服务设施；充电桩、绿色停车场设置；无痕化景观融合设计，服务区地域文化性景观塑造。如图 3-67、3-68 所示。

图 3-67　惠清高速

图 3-68　惠清高速隧道洞口

（8）四川省——银昆高速公路平凉至绵阳联络线九寨沟至绵阳段

建设理念：坚持"以始为终，信息化服务于管理"的原则开展高速公路建设管理信息化探索。生态环保：拌和场站应用雾炮和喷淋系统、四级沉淀池、污水处理系统、环境检测系统配合厂区内 1% 单向排水坡和环形排水沟构成全封闭污水收集、处理、再利用循环系统。品质建设：弃渣场标准化建设；自行式仰拱栈桥、防水板铺挂台车、新型智能台车、喷淋养护台车、整体式电缆沟槽台车；智能监控设备；基础数据承载平台；BIM 指挥中心，基于 BIM 的施工进度管理、巡检管理、资料管理、材料管理。安全智慧：ETC 车道。如图 3-69、3-70 所示。

图 3-69　青莲收费站

图 3-70　九绵高速全寿命周期信息化管理基础模型

（9）云南省——武定至易门高速公路

建设理念：建设绿色循环低碳工程。生态环保：绕避翠柏，保护野生植物；桥面径流净化与应急；噪声防治；环境监测；隧道施工"早进洞、晚出洞"；污水处理技术；生态绿色边坡，公路生态固坡施工。资源节约：沿线设施污水资源化；废旧轮胎、隧道弃渣、粉煤灰等可循环材料再利用；永临结合。节能低碳：温拌沥青混合料技术；太阳能光伏发电技术设备；太阳能热水器；LED节能照明、自然光光导照明、智能节能供电；沥青拌和楼"油改气"。品质建设：稳定型橡胶沥青路面铺筑技术。服务提升：服务区电动车混动车停车位、充电桩、LNG加气站建设；公众服务及低碳运营信息发布；服务区、停车区文化景观设计，路域文化景观打造。如图3-71、3-72所示。

图3-71 武易高速隧道洞口景观打造

图3-72 武易高速特色收费站

（10）陕西省——银白高速公路安康至来凤联络线平利至镇坪段

建设理念：统筹施工、运营、养护全寿命周期进行设计，减少资源、能源消耗和生态破坏。生态环保：科学选线，绕避不良地质处及水源保护区、生态环境敏感点；细化路线平纵面设计，优化高挖方边坡路段设计；生态边坡打造；施工防风抑尘；隧道洞口"零开挖"设计理念，聚能水压爆破；桥梁设计减少对山体的扰动，桩基施工泥浆处理；三级沉淀池，服务区综合排水系统。资源节约：全生命周期节地理念，弃方生态化管控；永临结合。品质建设：地摊铺机无线遥控技术；沥青摊铺测厚系统；钢混组合梁；建立标准化钢筋加工厂，构件设计标准化和通用化；建立信息化管理一级平台、监控中心；BIM技术；路基、桥梁、隧道施工四新技术应用。服务提升：预留加气站、充电桩建设空间；"碳补偿"绿化景观设计。如图3-73、3-74所示。

（11）甘肃省——银昆高速公路平凉至绵阳联络线武都至九寨沟段

建设理念：围绕"资源利用、生态保护、周期成本、创新驱动、标准规范、专项行动"等方面全面推进绿色施工，始终将自然生态保护与质量、安全放在同等高度进行同步管控。生态环保：科学选线，更多采用低路堤、浅路堑、高架桥梁、短隧道，减少高填深挖，绕避环境敏感区；应用生态友好型工程防护技术、路域生态修复关键技术；基于无人机遥感应用的公路环境监控。资源节约：水资源循环利用；永临结合式供电技术。节能低碳：机械发泡温拌沥青路面技术；LED 节能灯具及光色可调型隧道照明技术；分布式智慧节能供电系统；拌和楼油改气及配套 LNG 气化站建设。品质建设：钢桥及钢混组合梁；橡胶沥青路面技术；高性能水泥混凝土；标准化施工，小型构件预制工厂化和工程首件制；建立公路建设信息化管理系统；BIM 设计平台。如图 3-75、3-76 所示。

图 3-73 平镇高速生态边坡

图 3-74 平镇高速隧道洞口绿化覆盖

图 3-75 武九高速 BIM 设计平台

图 3-76 武九高速钢结构桥梁建设

3）第三批绿色公路建设典型示范工程

（1）天津市——津石高速公路天津段

建设理念：以"堤路共建、公铁伴行、湿地保护、资源节约"等形式深入贯彻落实绿色公路发展新理念。生态环保：生态选线，堤路共建、湿地保护；生态防护；环保施工；噪声、扬尘防治。资源节约：公铁并行共用交通走廊；立交方案优化减少匝道桥梁面积，避让农田；废旧材料再利用；废旧轮胎胶粉改性沥青。节能低碳：温拌沥青混合料；冷拌冷铺技术。品质建设：全寿命周期成本理念，钢结构桥梁，桥梁预制拼装施工（70% 以上）；BIM 技术；沥青路面 GTM 法设计。安全智慧：准全天候通行系统；雾区诱导设施；ETC 车道；主动发光标志。服务提升：当地文化特色的智慧服务区。如图 3-77、3-78 所示。

图 3-77　津石高速

图 3-78　津石高速冷拌冷铺技术

（2）上海市——国道 G320 线沪浙界至北松公路段

建设理念：强调全过程打造，道路、桥梁等各专业因地制宜地提出绿色公路应用内容。生态环保：环保施工，PM$_{2.5}$ 监测、防尘雾炮、车辆冲洗淋喷装置、洒水车。资源节约：科学布线，节约利用通道资源，与河道共建走廊；统筹土方调配；旧料再生利用。品质建设：桥梁预制拼装施工；BIM 技术。如图 3-79、3-80 所示。

图 3-79　国道 G320 线

图 3-80　桥梁预制拼装

（3）重庆市——潼南至荣昌高速公路

建设理念：打造工程建设生态化、能耗低、污染小、景观优美、地方特色鲜明的智慧型公路。生态环保：边坡生态防护，全线高边坡实行阶梯开挖、分层绿化；围堰填筑、泥浆池；洒水车、雾炮车降尘；污水过滤循环系统；生活垃圾无害化处理系统；噪声防治。资源节约：零弃方、少借方；表土、弃渣再利用；自动淋喷技术节水，雨水回收系统。节能低碳：温拌沥青混合料；高效节能电气设备；拌和楼油改气；施工期节能照明；施工期集中供电；施工期能耗分析；光伏发电技术。品质建设：橡胶沥青混凝土、泡沫沥青混凝土；BIM 技术；钢结构桥梁。安全智慧：旋转式防撞护栏；智能雾区诱导系统；ETC 车道，治超不停车；智能信息化综合管理运营系统。服务提升：智能服务区，智能导视系统和停车管理系统、激光式车辆检测系统和车牌识别系统、APP 充电预约、卫生间智能导视牌、微信公众号或 APP 获取路况信息、VR 模拟驾驶、新能源汽车充电站、汽车绿色维修车间；公路沿线多层级视觉景观设计。如图 3-81、3-82 所示。

图 3-81　潼荣高速

图 3-82　旋转式防撞护栏

（4）山西省——阳城至济源高速公路阳城至蟒河段

建设理念：践行绿色发展理念、打造生态节约公路。生态环保：避绕生态环境敏感区；土壤快速复垦研究；"软硬"结合的多样性防护，边坡生态修复技术；路基隧道施工开挖一级、防护一级、绿化一级；设置沉淀池，桥面径流收集；弃土场生态恢复；粉尘、噪声防治。资源节约：服务区与互通同址合建；水循环利用系统；弃渣生态化管控；永临结合；粉煤灰、废旧轮胎再生利用；高分子聚合物、HPRA 高黏弹胶粉复合改性沥青。节能低碳：短隧道储能发光涂料；智慧供配电系统，LED 智能感应照明系统；光伏发电系统、空气能、地源热泵系统。品质建设：工地标准化、工艺标准化和管理标准化；橡胶沥青混凝土、钢渣耐磨沥青混凝土；高分子复合材料电缆沟盖板；标准化作业；公路建设信息化管理系统；BIM 信息平台；基于"互联网＋"及信息传输技术的信息数据库。安全智慧：智能监控预警信息平台；ETC 车道。服务提升：观景平台、房车营地、加气站、充电桩；公路文化走廊，沿线设置陶瓷、蚕桑、相府、蟒河等地域文化元素。如图 3-83、3-84 所示。

（5）黑龙江省——国道 G331 线东宁至老黑山省界段

建设理念：坚持"亮点突出、统筹重点"的设计原则。生态环保：设置交通标识与警示牌、路域动物红外监测、利于通行的桥梁结构优化、涵洞尺寸调整等多种措施保护野生动物；多介质生物滤池与人工湿地组合污水处理技术、桥梁设置桥面径流收集、应急处置系统；边坡植物防护，生态宾格网防护；生态植草边沟。资源节约：表土再利用；旧路面材料利用；取弃土与造地复垦相结合；预制场、拌和站等选址永临结合。节能低碳：温拌沥青混合料；建筑节能与清洁能源技术；太阳能热水器（加电辅热）；风光互补灯。品质建设：

基于 BIM 的钢结构桥梁设计；高性能混凝土。安全智慧：ETC 车道。服务提升：观景平台。如图 3-85、3-86 所示。

图 3-83　隧道储能发光材料与智能照明系统

图 3-84　路域文化打造

图 3-85　吉东高速

图 3-86　橡胶沥青路面铺筑

（6）江苏省——国道 G524 线通常汽渡至常熟三环段

建设理念：生态保护、资源保存、效率保证、创新保驾、管理保障、服务保质。生态环保：敏感区域径流收集，雨污分流系统；声噪管理；完善碳汇林；绿色生态养护工区建设。资源节约：旧路材料再利用；干线公路与城市道路共用线路。节能低碳：温拌沥青混合料；供配电系统、风光互补照明、LED 照明系统；光伏发电系统；全层位低碳路面结构，桥梁工程低碳铺装体系。品质建设：基于 BIM 的钢箱梁设计；沥青路面施工应用物联网智能管控技术，高模量混合料 EME-14，人行道彩色沥青排水路面；预应力智能张拉及压浆工艺，标准化工艺，标准化跨径、主梁尺寸；智慧公路运行养护管理系统。安全智慧：路网运行监测体系、新型智慧公路感知系统、交通大数据综合分析及应急指挥中心、智慧公路综合平台；不停车预检系统。服务提升：道路出行信息服务体系、交通综合信息服务；慢性交通系统；设置充电站桩；自然景观、人文景观和谐统一。如图 3-87 所示。

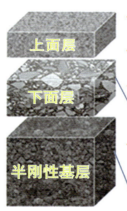

- **泡沫温拌沥青混合料：**5标除过交叉口外的其余部分路面的下面层采用泡沫温拌沥青混合料；
- **厂拌热再生：**在5标人行道（K1+703~ K4+473）进行厂拌热再生技术的应用；
- **高模量沥青混合料：**自5标G346到碧浒路段，4个十字交叉口处实施耐久性抗车辙路面结构形式
- **振动搅拌水泥稳定碎石：**在本项目5标（K1+703~K4+473）基层均采用38cm振动搅拌水泥稳定碎石基层，非机动车道20cm。

图 3-87　全层位低碳路面结构

（7）河南省——郑州至西峡高速公路尧山至栾川段

建设理念："品质、创新、绿色、安全、廉洁"，打造"规划设计精、建设管理细、工程质量优、生态环境美、交通文化浓、服务能力强"的品质示范工程。资源节约：全自动智能喷淋养生系统。品质建设：玄武岩纤维沥青混凝土路面；BIM 技术在路线、路基路面、桥梁、隧道工程的应用。如图 3-88、3-89 所示。

图 3-88　郑西高速

图 3-89　郑西高速 BIM 技术应用

（8）贵州省——厦蓉高速公路都匀至香格里拉联络线都匀至安顺段

建设理念：都行品质心，安享绿色境。生态环保：地质选线、地形选线、环保选线、低碳节约选线；沉淀池，桥（路）面径流收集系统；边坡逐级开挖，逐级防护。资源节约：施工场站集中一体化建设；表土、既有工程材料再利用。节能低碳：温拌沥青混合料技术；钢筋笼滚焊机等节能设备；隧道 LED 照明；自发光交通标志。品质建设：钢结构桥梁；自密实混凝土、新型造浆材料；预制块半自动化预制设备；装配式台座；装配式路面；基

于 BIM 的工程信息管理平台；隧道人员定位系统。安全智慧：HDE 逃生通道。服务提升：LNG 加气站和充电桩建设；"营造春、夏、秋、冬四个季相景观绿化效果"主题理念和"无土化"施工理念。如图 3-90、3-91 所示。

图 3-90　都安高速生态边坡

图 3-91　都安高速云雾大桥

（9）青海省——国道 G310 线尖扎至共和段

建设理念：打造"资源节约、环境友好、安全耐久、服务智能、技术先进"的现代化绿色循环低碳公路。生态环保：标准选线、地形选线、地质选线、环保选线、规划选线相结合，保护湿地；边坡植物与圬工防护；桥面径流收集，设置沉淀池，洒水降尘。资源节约：集约利用通道资源和原有设施；零弃方、少借方；弃渣再利用，隧道洞渣中的优质碎石用于隧道衬砌、桥涵结构的混凝土骨料、路面基层及路基支挡防护结构用料，残渣再用于填筑路基；施工便道的布设永临结合；表土资源再利用；污水循环利用。节能低碳：温拌沥青技术；冷补养护技术；LED 节能灯具照明、太阳能热水系统；隧道节能通风照明系统；光伏发电技术。品质建设：基于 BIM 的隧道设计；钢结构桥梁；高性能混凝土；工程管理信息化；结构风险监测预警。安全智慧：ETC 车道；道路运营管理系统。服务提升：ECT支付；旅游信息服务；观景台设置；服务区设计结合当地文化特色。如图 3-92、3-93 所示。

（10）宁夏回族自治区——银百高速公路宁东至甜水堡段

建设理念：创建绿色公路，打造品质工程。生态环保：绕避敏感区域；扬尘防治；对较为平缓、土质尚可的低矮边坡，采用植物纤维毯、六棱砖植草生态防护技术；对坡面较陡、不稳定的边坡，采用框格植草技术和柔性生态防护技术；在红砂岩与高陡边坡，开展三联生态修复技术；碟形生态边沟。资源节约：集约用地，共线设计，充分利用沿线既有廊道资源；永临结合；自动喷淋养生；集水窖等水循环利用设施；混凝土薄膜养护技术；旧路交安设施再利用。节能低碳：沥青厂拌冷再生；太阳能光伏发电技术、风能发电技术、风光互补发电技术。品质建设：钢结构桥梁；标准化设计、工业化生产、装配化施工，工地建设与管理标准化。安全智慧：太阳能声光报警锥桶保证路面施工试验检测人员安全。服务提升：服务区设置充电桩与加气站。如图 3-94、3-95 所示。

图 3-92　国道 G310 线

图 3-93　国道 G310 线隧道

图 3-94　银百高速

图 3-95　风积沙边坡生态修复

（11）新疆维吾尔自治区——京新高速公路巴里坤至木垒段

生态环保：绕避生态环境敏感区；设置动物迁徙通道桥涵，野生动物饮水区域；施工便道、取土料场设立环保桩，严格确定界限，减少地表扰动和植被损坏范围；植被防护与恢复；三级沉淀池；施工降尘；噪声防治。资源节约：因地制宜采用低路堤和浅路堑方案；智能喷淋养生；污水净化后用于绿化；零弃方、少借方；绕避基本农田。节能低碳：节能设施设备；光伏发电；LED 节能灯；智能照明系统。品质建设：标准化场站建设；引入现代信息化管理技术；沥青指纹识别检测技术；在沥青拌和站安装黑匣子，实时监控现场质量；钢结构桥梁。服务提升：加气站和充电桩；交通信息服务。如图 3-96、3-97 所示。

4）绿色公路涵盖的六大方面内容

"十三五"提出的绿色公路建设典型示范工程项目与"十五"以来的生态公路及"十二五"期间的绿色低碳公路建设项目相比，公路建设者对绿色公路的内涵理解更加深刻，

图 3-96　京新高速

图 3-97　野生动物通道

对绿色公路建设的考量与技术探索更加全面，涵盖生态环保、资源节约、节能低碳、品质建设、安全智慧、服务提升六大方面，为绿色公路在全国的建设推广起到良好的示范引领作用。

（1）生态环保

① 边坡生态修复技术，如九级连坡修复技术、"水 - 土 - 生"三大生态修复关键技术、基于 W-OH 材料的水土保持与绿化技术、三联生态修复技术等，实现工程建设的无痕化。

② 多种选线理念相结合，如生态选线、地质选线、地形选线、规划选线等，有效地绕避了生态敏感区及不良地质区，节约工程造价。

③ 野生动物保护，如设立野生动物专用通道、警示标志标识牌、路域动物红外监测、桥梁及涵洞优化等方式，保护了野生动物的栖息。

④ 环境保护方面，如雾炮机降尘，模拟自然湿地实现污水的生态处理，设置声屏障降低噪声等，有效降低了工程建设导致的生态污染。

（2）资源节约

① 土地资源节约利用，如科学选线避让基本农田、土石方填挖平衡、清表土再利用等减少了土地资源的非必要占用。

② 水资源节约利用，如采用自动喷淋技术、混凝土薄膜养护技术实现节水，三级沉淀池等污水处理系统实现水资源的再利用。

③ 材料节约利用，如弃渣、粉煤灰等材料的循环利用、煤矸石用于路基材料、废旧橡胶用于基质沥青改性，有效降低了新旧材料的购买及处理成本。

（3）节能低碳

① 能源节约利用，采用 LED 节能灯、智能通风及照明等技术减少能源消耗，采用光伏发电、风光互补发电技术实现清洁能源的供给。

② 低碳减排，如采用温拌沥青混合料技术、沥青厂拌冷再生技术、沥青拌和站"煤改气"、"油改气"等措施，起到降低工程建设碳排放的效果。

（4）品质建设

① 品质提升，如采用长寿命路面设计、排水降噪路面等功能型路面设计，钢结构桥梁应用，隧道"零开挖"进洞等，拓展了公路的附加功能，有效降低了公路的运营养护成本。

② 施工标准化，包括工艺标准化和工地标准化，如工程"首件制"、工程构件生产工厂化，"三集中"、"四集中"标准化场地建设等，有效提升了公路施工建设的工程质量及施工作业效率。

③ 管理信息化，如基于 BIM 的工程信息管理平台、施工质量监测信息化系统、物料及人员监测系统等，推进了质量检验检测数据的实时互通共享，提高了施工及管理效率。

（5）安全智慧

① 智能交通系统，如道路出行信息服务系统、特殊天气安全诱导系统、ETC 及不停车预检系统等，保证了公众出行的效率与安全性。

② 新型交安设施，如视觉减速标线、太阳能突起路标、旋转式防撞护栏等，提高了车辆行驶的安全性。

（6）服务提升

① 绿色智慧服务区建设，设置卫生间智能导视牌、房车营地、智能停车系统、无线网络覆盖等，提高公众的出行体验。

② 景观优化，结合当地民俗等地域文化设计公路沿线及服务区景观，助力地方旅游发展。

2. 绿色公路建设典型示范工程评价

与早期的生态型公路及绿色低碳公路相比，始于 2016 年的交通运输部绿色公路建设典型示范工程项目虽对绿色理念的理解更加深入，对绿色公路各环节的考量更加全面，但因地域、环境等因素特点，示范工程对绿色公路建设各方面的考虑难免有所侧重与不足。本书参考《绿色交通设施评估技术要求 第 1 部分：绿色公路》（JT/T 1199.1—2018），取其中的部分一级指标及三级指标作为分类评价标准，对各典型示范工程所采取的绿色建设技术分类汇总，分析各典型示范工程对不同绿色建设方向考虑的全面性，给出各绿色建设方向考虑较为全面、具有代表性的绿色公路典型示范工程。见表 3-3 所示。

分析绿色公路各方向建设的全面性时以各绿色建设方向的指标覆盖率作为评价标准，其计算公式如式（3-1）。

$$指标覆盖率 = \frac{绿色公路建设在该方向涉及的指标数量}{该方向总指标数量} \times 100\% \qquad （3-1）$$

表 3-3　绿色公路建设典型示范工程建设方向全面性评价体系

绿色方向	具体指标		
生态环保	生物及其栖息地 / 生境保护	水体保护	扬尘控制
	生态修复	土体保护	声污染防治
	植被恢复效果	污染气体排放控制	光污染防治
资源节约	土地占用	排蓄水工程	可循环材料与利用
	土石方填挖	污水处理与利用	旧路面材料再生
	永临结合	节水措施	隧道弃渣利用
	新型材料	—	
节能低碳	混合料节能技术	可再生能源	施工节能技术
	天然气拌和站	节能系统	—
品质建设	长寿命路面	工艺标准化	养护管理信息化
	功能型路面	工地标准化	建筑信息模型技术
	精品桥、隧	建设管理信息化	HSE 管理体系
安全智慧	多元化系统	安全设施布设	交通应急管理
服务提升	信息服务	加气站和充电桩	景观展现
	旅游服务功能	景观融合	景观美化

1）第一批绿色公路建设典型示范工程评价

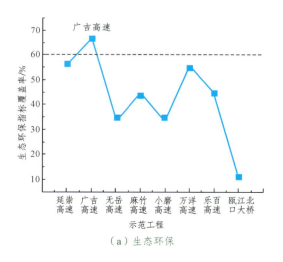

（a）生态环保

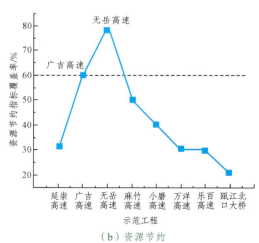

（b）资源节约

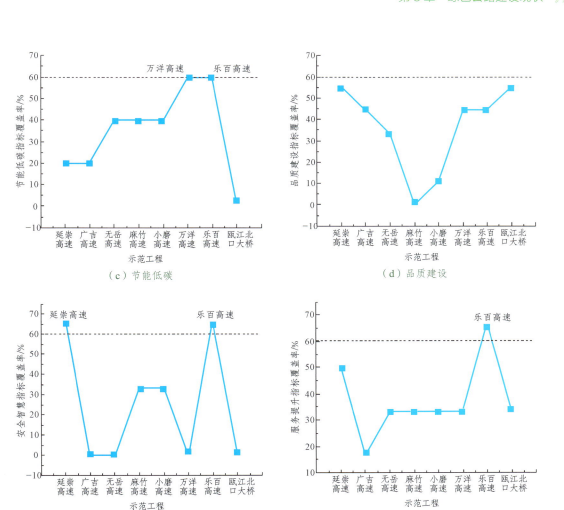

图 3-98　第一批典型示范工程建设全面性分析

　　如图 3-98 所示，各示范工程在建设时侧重点差异明显，如：延崇高速在安全智慧与品质建设方向采取了大量多元化智能系统与信息化建设管理措施，对绿色公路的智慧化建设具有较好的示范效果，而对于节能低碳所涉及的广度略有不足，较局限于新能源技术的应用；广吉高速则在生态环保与资源节约方向具有较佳的示范效果，较为全面地考虑了公路建设过程中生态环保与资源节约要素，但在安全智慧等方面有所欠缺；瓯江北口大桥作为交通运输部绿色公路建设典型示范工程项目中唯一的桥梁项目，建设时以 BIM 技术为基础，开展了施工监控与健康监测一体化研究，对全国公路桥梁绿色品质建设起到了良好的示范作用。

2）第二批绿色公路建设典型示范工程评价

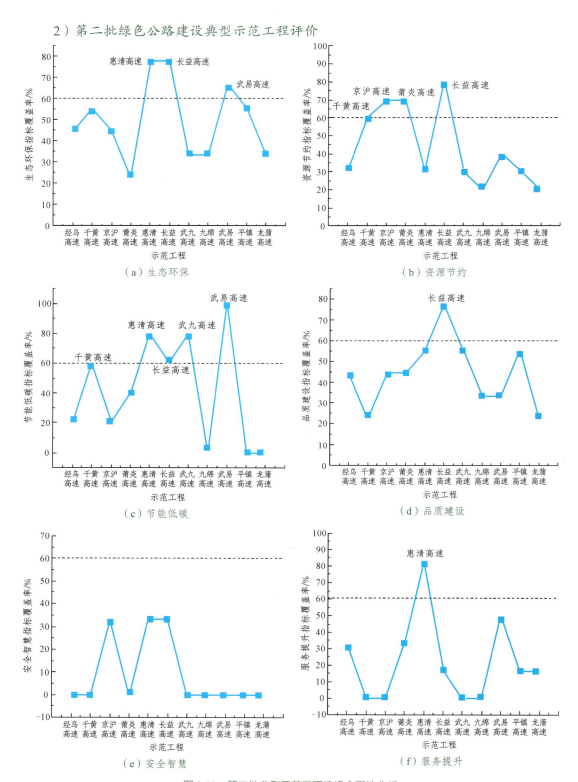

图 3-99　第二批典型示范工程建设全面性分析

　　由图 3-99 可知，整体而言，第二批示范工程项目在生态环保、资源节约、节能低碳等方面考虑较为全面，而在品质建设、安全智慧与服务提升方向有所不足；就各示范工程单项而言，惠清高速、长益高速扩容工程与武易高速表现较佳，如惠清高速在生态环保、节能低碳与服务提升方面均做到了较为全面的考虑，为绿色公路的环保、低碳建设及服务提升提供了良好的参考，长益高速扩容工程在生态环保、资源节约与品质建设方向表现优异，采取了大量生态保护与修复措施，有力地减少公路修建对生态的扰动，采用大量创新型"四新技术"实现资源的集约、节约利用与公路的品质化建设，武易高速则在节能低碳方向具有极佳的示范效果，绿色举措涉及可再生能源应用、节能系统应用、天然气拌和站、混合料及施工节能等各方面。

3）第三批绿色公路建设典型示范工程评价

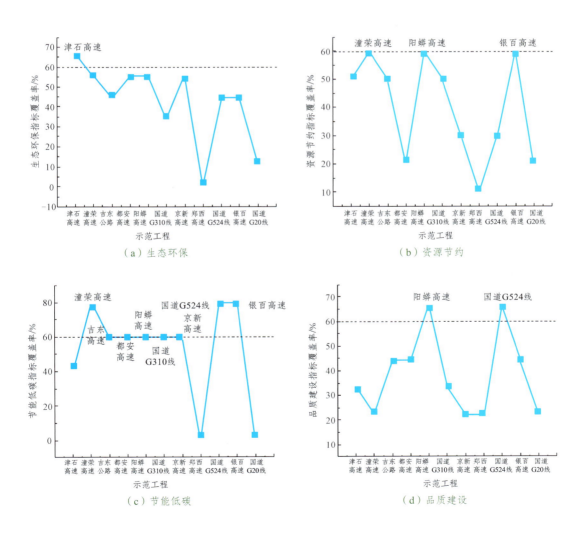

（a）生态环保　　　　　　　　　　　（b）资源节约

（c）节能低碳　　　　　　　　　　　（d）品质建设

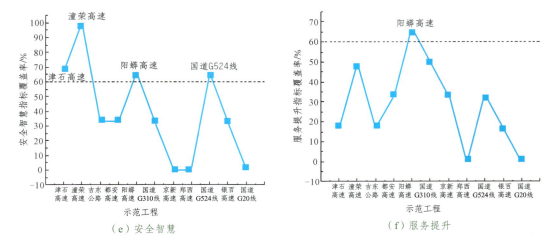

图 3-100　第三批典型示范工程建设全面性分析

　　如图 3-100 可知，相对于前两批示范工程，第三批示范工程所采取的绿色举措在各建设方向分布较为均衡，如阳蟒高速在生态环保、资源节约等六大方向均无明显短板，对各方面考虑较为全面，对绿色公路建设发展形成良好的示范效果。就单项示范工程而言，津石高速天津段在生态环保与安全智慧方向表现较佳，全面考虑了生境保护、生态修复、水体、噪声、扬尘防治等方面，有效减少了公路建设对自然生态的扰动；国道 G524 线通常汽渡至常熟三环段较为全面地考虑了绿色公路的节能低碳、品质建设与安全智慧效果，从低碳路面结构、节能系统、可再生能源应用等多个方面采取多项措施，有效降低了公路建养过程的碳排放；而郑州至西峡高速公路尧山至栾川段与国道 G320 线沪浙界至北松公路段相关绿色举措应用概况公布信息较少，难以为绿色公路建设提供更多参考。

　　三批示范工程确定时间虽不同，但彼此之间并无时代性差异，均可为当前背景下绿色公路建设提供示范与参考，因此综合分析三批示范工程绿色举措建设情况，给出各建设方向代表性示范工程如表 3-4。

　　由表 3-4 可知，基于早期绿色低碳公路建设经验的积累与信息化时代高新技术的快速发展，目前多数示范工程在资源节约、节能低碳与安全智慧等方面取得了较为显著的成就，推广应用了一批较为成熟的绿色公路建设技术，基于各绿色公路项目建设特点创新了一批新技术与新工艺，探索应用了一批新材料与新设备，取得了良好的绿色公路示范效果。但也需注意，目前品质建设与服务提升方向具有代表性的示范工程较少，科技创新研发能力与推广应用水平还需进一步提高，各绿色公路建设项目应在参考已有示范工程建设经验的同时推陈出新，积极探索公路的品质化建设与服务提升方案，推动绿色公路全方位快速发展。

表 3-4　不同绿色公路建设方向代表性示范工程

建设方向	代表性示范工程
生态环保	广吉高速、惠清高速、武易高速、长益高速扩容工程、津石高速天津段
资源节约	广吉高速、上海至武汉高速无为至岳西段、千黄高速、莆炎高速永泰梧桐至尤溪中仙段、京沪高速公路莱芜至临沂段改扩建工程、长益高速扩容工程、潼荣高速、阳蟒高速、银百高速公路宁东至甜水堡段
节能低碳	万洋高速、乐百高速、千黄高速、惠清高速、长益高速扩容工程、武九高速、武易高速、潼荣高速、吉东高速、都安高速、阳蟒高速、G310、国道 G524 线通常汽渡至常熟三环段、银百高速公路宁东至甜水堡段、京新高速公路巴里坤至木垒段
品质建设	长益高速扩容工程、阳蟒高速、国道 G524 线通常汽渡至常熟三环段
安全智慧	延崇高速、乐百高速、津石高速天津段、潼荣高速、阳蟒高速、国道 G524 线通常汽渡至常熟三环段
服务提升	乐百高速、惠清高速、阳蟒高速

3.3　绿色公路建设建议

3.3.1　基于公路自然区划的绿色公路建设建议

我国幅员辽阔，自然条件复杂多样，具有明显的地域差异性。公路建设过程中，往往会受地形地貌、气象条件、景观格局、社会经济等条件的限制。为降低公路建设难度，各个阶段都应尽量符合相应区域的特点，根据冻土类型、水热平衡以及地理位置等划分依据，将我国自然区域整体划分为北部多年冻土区、东部湿润季冻区、黄土高原干湿过渡区、东南湿热区、西南潮暖区、西北干旱区、青藏高寒区七个大区。我国公路自然区划系统揭示了不同自然环境条件下公路建设、养护的区域性规律，为公路路网规划、设计参数选取、施工过程材料选择、建设与养护方案的制定提供了科学依据，而绿色公路作为实现我国未来交通目标的重要手段，其建设过程必须具有充分的科学依据，因此有必要结合我国自然区划原则与绿色公路建设概况进一步分析评价我国绿色公路的建设要点。

1. 北部多年冻土区

北部多年冻土区纬度高、气温低，是我国唯一的水平多年冻土区，冬季易产生冻胀，夏季有热融发生，故该地区绿色公路的建设应注重以下几点：

（1）通过维持固有地质冻稳特性，保护冻土上限不致下降，防止路基热融沉陷，保证路面的完整性。

（2）运用先进的设计理念与技术工艺，保障冻土的稳定性、减少原地面植被的破坏，保护固有生态环境。

（3）采用新型环保材料，进行隔热处理防止热融沉陷的产生，提升公路耐久性，注重公路品质提升与运行效率的提高。

黑龙江省哈阿高速公路作为北部多年冻土区的绿色公路示范工程，主要强调低碳交通的建设理念，通过采用新技术、新工艺以最大限度减少能源消耗，针对地区的低温特性运用厂拌掺加乳化沥青冷再生技术实现对废弃料的重复利用。

2. 东部湿润季冻区

东部湿润季冻区是我国主要的季节冻土区，土基强度较好，但受冻胀、翻浆、水毁和泥石流等公路灾害影响较大，地形以平原和丘陵为主，局部低山公路修建条件不困难，故该地区绿色公路的建设应注重以下几点：

（1）充分利用土基强度好的优势，最大限度地控制资源占用、降低能源消耗。

（2）结合区域自然条件，运用先进的技术工艺，对公路进行隔温、排水、截水处理，解决工程冻胀、翻浆问题，降低公路损坏，提升工程质量，延长公路的使用寿命。

（3）沿线生态环境较为脆弱，公路建设过程中应强化对沿线生态的保护，采取生态恢复措施对沿线已破坏环境进行及时恢复，保障公路景观的完整性，提供美观、舒适的行车环境。

东部湿润季冻区的绿色公路主要有：山东省青临高速与青岛滨海路、河北省石安高速、京港澳高速与张承高速、辽宁省沈大高速、吉林省鹤大公路等。

针对东部湿润季冻区易出现道路冻胀危害，鹤大高速公路采用隧道保温防冻技术，避免隧道内衬砌出现破坏问题；采用硅藻土改性沥青和具有高温稳定性、低温抗裂性的橡胶粉 SBS 复合改性沥青进行路面铺设，提高路面的抗冻性能以应对该区域的极端气候环境。张承高速等通过在沥青混合料中添加环保型沥青路面冰雪抑制剂，提高路面除冰雪效果，降低恶劣天气所诱发的交通事故，从而实现对道路服务水平的提升。京港澳高速通过综合利用隧道弃渣、建筑垃圾、开槽土、废弃河砂和粉煤灰填筑路基和边坡，以充分利用山区等优势节约资源。

3. 黄土高原干湿过渡区

黄土高原干湿过渡区为东部温润季冻区向西北干旱区和西南潮暖区的过渡区，集中分布黄土和黄土状土，具有生态环境脆弱、地下水位深、土基强度好、边坡稳定、易出现冲蚀与湿陷病害等特点，故该地区绿色公路的建设应注重以下几点：

（1）在满足公路建设与生态环境相协调，保持地区的水土平衡的前提下，为人们提供安全、舒适、美观的行车环境。

（2）运用先进的科学技术手段进行路面隔水处理，防止雨水下渗造成黄土湿陷引起路面破坏。

（3）在潮湿地段合理布设排水设施以保护路基，最大限度地减小黄土湿陷性对公路的损坏，延长公路的使用寿命。

黄土高原干湿过渡区的绿色公路示范工程主要有：陕西省黄延高速公路、河南省三淅高速绿色公路、山西省忻阜高速科技示范公路与晋济高速、宁夏回族自治区东毛高速等。

黄土高原干湿过渡区公路的基础及取土场开挖等易造成水土流失，黄延高速采取路基防排水、弃渣场整治、绿化等措施保持沿线水土平衡，并通过采用黄土沟壑区渗沟反滤层设计方法及黄土沟壑区路基排水技术进行路基的防水、排水以避免黄土湿陷。三淅高速公路在隧道修筑过程中采用隧道弃砟收集腐殖土造地、生态槽净水等新技术，以实现最大限度地保护固有生态环境。

4. 东南湿热区

东南湿热区是我国最湿热的地区，春、夏东南季风造成的梅雨和夏雨形成该地区公路的明显不利季节，其具有地面温度高、台风暴雨较多、泛油和水损害严重、水资源丰富、环境优美、软土分布较广等特点，且地形多以丘陵、平原为主，公路通过条件较好，故该地区绿色公路的建设应注重以下几点：

（1）选用较高等级沥青，以减轻沥青路面热季泛油和雨季黏聚力降低的病害，采用具有高抗滑性能、密封性能的封闭路面，提高公路水稳定性。

（2）通过设置台风预警技术及雨雾天监测安全预警系统，保证施工、行车安全。

（3）强调无痕化施工及清洁能源的使用，强化水资源、优美环境的保护。

（4）采用先进的技术工艺，对道路沿线的分布较广的软土进行有效处理，延长公路的使用寿命。

东南湿热区的绿色公路示范工程主要有：湖南省常张高速公路与南益高速公路，湖北省神宜路与谷竹高速公路，江西省昌樟高速公路与永武高速公路，江苏省溧白高速公路、武进高速公路、高邮高速公路、扬州高速公路，安徽省泾云景观公路与岳武高速公路，浙江省宁杭高速公路、杭浦高速公路、常嘉高速公路，上海市杨高南路，福建省沈海高速公路与宁武高速公路，台湾省台24线，海南省海榆西线与海文高速公路，广东省渝湛高速公路与广佛肇高速公路，广西壮族自治区钦崇高速公路、桂阳高速公路、柳南高速公路等。

针对东南湿热区高温多雨的气候类型，南益高速采用生态边沟技术，长湘高速采用生态浅碟形暗排水沟技术，常嘉高速采用钢结构、桥面排水等先进技术，世博园区公路将沥青温拌技术与排水路面进行有机结合，武进环湖东路运用透水路面技术，从而达到将路面积水及时排除的目的，减少公路水损害现象的产生。为保障行车安全永武高速采用雾区行车智能诱导系统、路侧振动带提示等安全防护装置提高雨雾天行车的安全性。为实现公路沿线生态环境的美化恢复，常张高速采用了沥青路面再生密封剂、仿原生态植被恢复技术，南益高速、岳武高速运用腐殖土再生、隧道弃渣再利用、纤维草毯技术保障公路两侧的生态，沈海高速通过精细化设计种植不同种类的植物，营造道路两侧梯次美感，台24线道路两侧充满艺术气息的原乡部落三地门和雾台以及德文风景区共同构成了最美的景观道路。南益高速公路、昌樟高速公路、武进环湖东路、泾云景观公路、广佛肇高速公路、柳南高速公路等示范公路采用了太阳能并网发电、风光互补照明、光伏供电和 LED 照明设施以及电网集中供电等技术工艺，以降低公路沿线能源的消耗。

5. 西南潮暖区

西南潮暖区为东南湿热区向青藏高寒区的过渡区，受东南和西南季风的影响，其具有雨期较长、土基较湿且强度高、石料丰富、原生态自然风貌突出、地势较高、地形高差大、地震病害多、喀斯特地貌分布广等特点，故该地区绿色公路的建设应注重以下几点：

（1）充分利用山地石料丰富的特点，在设计中尽量进行就地取材、合理调配，降低资源占用、减少对原生态环境的破坏。

（2）西南潮暖区自然环境优美，故该地区绿色公路建设过程中应注意与自然景观相融合，并采取生态施工的方式，减少自然环境的破坏，运用生态恢复技术对已破坏的环境及时进行恢复、美化。

（3）运用先进的技术手段克服地形高差大、公路水损坏、岩溶、泥石流、地震破坏等公路建设不利因素，降低公路建设难度，减少公路的破坏，提升公路品质建设，保证行车舒适、安全。

西南潮暖区的绿色公路示范工程主要有：四川省川久高速公路与花久高速公路，云南省麻昭高速公路、思小高速公路、武易高速公路、香丽高速公路，贵州省道安高速公路、贵黄高速公路、盘兴高速公路，重庆市成渝高速公路与渝蓉高速公路，陕西省榆靖高速公路、西宝高速公路、西汉高速公路、黄延高速公路等。

麻昭高速公路将隧道弃渣进行再利用并采用了原材料冷再生技术，思小高速公路采用隧道零开挖进洞技术，武易高速公路将磷石膏无害化处理后硬化作为路基材料，而西咸北环线修筑过程中采用了建筑垃圾再生材料，通过采用一系列的节能措施，从而实现对当地资源和废弃材料的充分利用。为保护西南潮暖区优美自然环境的完整性，突出地方民族文化，川九公路采用"露、透、封、诱"的设计原则，将藏羌文化融入公路景观赋予公路文化特色，并运用环境恢复性技术、防护工程修饰美化技术、设施景观美化等关键技术保证公路的生态美观；花久高速采用草皮移植"无痕化"施工技术实现无痕化施工以减少对固有生态环境的破坏；思小公路应用边坡生物恢复技术进行生态恢复、美化并将傣族文化融入公路沿线。为提升公路建设品质、保障行车安全舒适，花久高速结合实际地形增设了港湾停车带休息区，麻昭高速采用 BIM 系统实现公路的可视化建设并利用数字路面智能监控技术提高行驶车辆的安全性，武易高速在服务区内运用太阳能光伏发电设备及太阳能热水器供水设备以提升公路的服务品质。

6．西北干旱区

西北干旱区具有气候干旱、土基强度高、砂石材料丰富的优势，扬尘大、风蚀沙埋影响较严重，高山区有风雪流危害及绿洲灌区冻胀翻浆严重的特点。此外，山区公路通过垂直自然带，选线及修筑较为复杂，故该地区绿色公路的建设应注重以下几点：

（1）充分利用原材料丰富的优势，并采用先进的技术工艺，提高原材料的利用率，最大限度地减少资源浪费、降低环境污染。

（2）采用相应措施缓解扬尘、风蚀、沙埋等道路病害对公路的影响，西北干旱区天然植被覆盖差，生态环境脆弱，故须强化道路沿线生态保护与景观建设，提升公路的安全性能与品质建设，提高运行效率。

西北干旱区的绿色公路示范工程主要有：新疆维吾尔自治区天山景观大道、沙漠公路、麦盖提至喀什公路、那拉提公路，甘肃省庆阳高速公路、定西高速公路、雷西高速公路、南绕城高速公路，内蒙古自治区银巴公路等。

庆阳高速公路、定西高速公路通过沥青路面现场冷再生、热再生技术的应用提高材料利用率降低资源消耗。为强化道路沿线生态保护与景观建设，银巴公路采用草方格工程固沙、人工撒播草种和飞播草种植草等生态修复技术，那拉提公路对路侧的高混凝土挡墙进行外挂铅丝笼内置腐殖土使构造物与环境相容。

7．青藏高寒区

青藏高寒区具有海拔高、气温低、多年冻土分布广、昼夜温差大、紫外线照射强烈、生态脆弱、公路自然灾害严重等特点，路线受坡面对太阳辐射的吸收状况等条件的影响，公路通过条件困难，故该地区绿色公路的建设应注重以下几点：

（1）运用科学技术手段进行道路勘测与道路线形控制，满足公路与车辆的适应性，保证车辆的行驶安全。

（2）采用先进的施工工艺与技术手段，避免或减轻工程对冻土的干扰，提高施工效率与工程质量，并运用生态护坡与边坡修复技术，对公路沿线边坡进行合理的保护与修复。

（3）将极具特色的少数民族文化融入到绿色公路建设过程中，实现公路人文景观建设。

青藏高寒区的绿色公路示范工程主要有：西藏自治区拉林公路与拉萨至贡嘎机场专用公路，青海省峨祁公路等。针对青藏高寒区生态环境脆弱的特点，拉林公路与峨祁公路采用了柔性生态护坡绿化技术，草皮回植、环保草毯植被防护、三维结构柔性生态袋防护等措施对公路边坡和沿线生态环境进行及时恢复。拉萨至贡嘎机场专用公路通过全线覆盖融入藏族文化元素的设计景观，使公路更具有文化气息。

3.3.2 基于区域特色的绿色公路建设建议

绿色公路在充分结合区域特点，强化内涵、品质建设的同时，也应逐步加强诸如沙漠戈壁、森林、草原、江河湖泊、冰川雪地等生态敏感、脆弱的特殊区域公路建设，以促进绿色公路的全面推广落实，本书结合特殊区域的区域特点与现阶段我国绿色公路建设概况，提出特殊区域绿色公路建设建议。

1. 沙漠、戈壁

沙漠、戈壁地区具有气候干旱、植被覆盖率差、温度变化大、日照强烈、风沙活动频繁、生态环境脆弱等特点，材料、水源是修筑沙漠、戈壁公路最大的制约因素，且沙漠公路易遭受风蚀、沙埋病害的破坏。故该区域绿色公路建设过程中宜采用先进的防风固沙、植物再生技术，缓解风沙对公路的影响、美化公路沿线；并利用太阳能与风能充足、人口密度低、扰动少的特点，运用新技术、新工艺将太阳能与风能进行收集转换，提高公路建设品质。沙漠地区的绿色公路示范工程主要包括新疆维吾尔自治区沙漠公路、陕西省榆靖高速公路以及内蒙古自治区银巴公路等。新疆沙漠公路采用了先进的滴灌技术与固沙技术，在保障路侧植被成活率的同时提高公路固沙效果；榆靖高速公路通过玻璃纤维格栅技术有效减少沙漠公路的损坏；银巴公路采用草方格工程固沙、人工撒播草种和飞播草种植草等生态修复技术，减缓沙漠东移对公路的影响。

2. 森　林

森林林区具有物种丰富、结构复杂、功能多样等特点，对维护地区生态稳定、净化公路沿线汽车尾气有重大意义。故森林地区绿色公路建设过程中应通过合理选择路线方案与控制指标，避免破坏森林系统的完整性；设置动物通道为动物迁徙提供过道，保护生物多样性；强调生态施工及绿色能源的使用，强化生态恢复，以减少施工痕迹，保护沿线生态景观。森林区绿色公路示范工程主要包括云南省思小高速公路、江西省昌樟高速公路、福建省宁武高速公路与沈海高速公路等。福建宁武高速公路、沈海高速公路通过生态恢复、构建植物复层结构以及设置园林景观等措施进行公路沿线景观美化，江西昌樟高速公路在公路两侧构造碳汇林充分利用植物对空气的净化功能，云南思小高速公路通过设置生物通过保护生物多样性。

3．草　　原

草原地区具有地域宽广、地形起伏小、土壤肥力差、生态系统稳定性低、自我恢复能力较差、动植物种类少、人口密度低等特点。故草原地区的绿色公路建设应充分利用区域地形平坦宽广、景色通透的特点，使公路与草原景观充分结合；采用先进的生态施工与生态恢复技术，减少公路施工对沿线生态环境的损坏，保证草原生态环境的稳定性。草原地区绿色公路示范工程主要包括新疆通往四川的西部区域经济大通道花久高速以及新疆天山景观大道。花久高速采用草皮移植"无痕化"施工技术减少公路铺筑过程中对草地的损坏；天山景观大道应用客土喷播工艺、陶瓷拦水带材料等措施使公路与草原风光融为一体。

4．江河、湖泊

江河、湖泊具有环境优美、生物资源丰富、易污染且恢复净化能力差等特点，故江河、湖泊地区的绿色公路建设应强调绿色材料与清洁能源的使用，从源头上减少公路铺筑过程中对水环境造成的污染；结合先进的污水收集与污水处理、钢结构等技术工艺，降低水环境的污染；利用水资源丰富、环境优美的特点，合理设计公路线形，使之与沿线水域生态环境相融。草原地区绿色公路示范工程主要包括云南省武易高速公路、湖南省长湘高速公路、江西省永武高速公路、浙江省常嘉高速公路、广东省广佛肇高速公路、天津市中新天津生态城绿色生态型道路等。武易高速公路在服务区采用污水回用系统降低水环境污染、提高污水利用率；湖南省长湘高速公路、江西省永武高速公路及广东省广佛肇高速公路等采用桥面径流收集技术、桥面径流污染防控技术与水环境安全预警监测系统，对桥面雨水、污水进行收集处理，避免直接排放对水环境造成污染；浙江省常嘉高速公路采用钢结构、桥面排水等先进技术，对生态及水资源进行有效的保护；天津市中新天津生态城绿色生态型道路在生态道路上进行雨水收集并用于公路两侧绿化，提高雨水利用率。

5．冰川、雪地

冰川、雪地具有生物扰动少、积雪频繁、行车环境舒适度与安全性差、生态系统较为脆弱等特性，冰川、雪地地区的绿色公路建设宜用先进、合理的路线设计方法，避免生态环境的破坏；运用先进的技术工艺提高公路的路用性能与安全性能；并利用植物板、腐殖土再生等绿色施工工艺，进行植被恢复，改善公路沿线景观。冰川、雪地地区绿色公路示范工程主要包括青海省峨祁高速公路、黑龙江省哈阿高速公路、西藏自治区拉林公路与拉萨至贡嘎机场专用公路等。拉萨至贡嘎机场专用公路采用太阳能系统照明以及智能监控系统技术保证道路的节能安全性能；峨祁公路、拉林公路通过采用绿化边坡措施保护固有生态环境、提高行车舒适性；哈阿高速公路采用废弃料冷再生技术降低寒冷地区施工资源消耗量。

第 4 章　绿色公路建设案例

　　我国绿色公路建设经过多年的探索，其建设内涵已由生态公路、旅游公路、绿色低碳公路的专项探索发展为全方位、全过程的绿色公路。为推动绿色公路发展，交通运输部开展了绿色公路建设典型示范工程建设项目，各示范工程在建设过程中应用大量创新性"四新"技术，极大地提高了公路的绿色化、品质化与智能化水平，积累了大量的绿色公路建设技术与管理经验，为全面推进绿色公路建设提供了可复制、可推广的绿色公路建设新模式。由于绿色公路建设具有标准较高、资金需求较大等特点，因此当前绿色公路大多针对高速公路进行建设。本章选取绿色公路建设典型示范工程中具有代表性的 3 项示范项目，对其工程概况、建设试点情况与建设成效予以介绍。

4.1　广昌至吉安高速公路

4.1.1　项目概况

1. 项目简介

　　广吉高速公路是国家公路网沈海高速公路第七条联络线福建莆田至湖南炎陵（G1517）中的一段，也是江西高速公路网"四纵、六横、八射"主骨架中第三横的中段，是三省区域经济往来的高速公路运输大通道。项目途经抚州、赣州、吉安 3 个市的 6 个县区，路线总长189.276 km，由广吉主线和吉安支线组成，项目概算 126.24 亿元人民币。广吉高速公路全线路基土石方 3 981 万立方米，设桥梁 158 座，总长 35 159 延米，桥梁占比 18.7%，设枢纽互通 4 处、互通立交 11 处、服务区 3 个和停车区 1 个。如图 4-1 所示。

图 4-1　广吉高速公路路线

　　2016 年，广吉高速公路项目被交通运输部列入首批绿色公路建设典型示范工程。自项目开工以来，围绕建成江西省"公路建设示范路、绿色公路示范路、品质工程示范路"

的目标，广吉高速公路通过高起点的谋划布局、高境界的理念设计、高品质的建设实施、高层次的环境保护、全方位的创新驱动，全面贯彻"绿色公路"理念，大力提倡工匠精神，积极鼓励大众创新，打造美丽中国的"江西样板"。

2. 工程特点

广吉高速公路地处江南过湿区，地貌单元复杂，沿线有赣中红砂岩丘陵岗地地形、雩山山地地形、吉泰盆地地形，夏季高温多雨、冬季寒冷少雨，极易形成区域性气候，雨、雾天数量较多，跨水体较多较大。道路沿线红砂岩分布广泛，途经多处居民区和河流，空气、水、声环境敏感点多。

项目途经的区域自然环境优美、生态环境良好，赣江、梅江、盱江流经该区域，"绿色、红色、古色"旅游资源丰富，具备建设绿色公路的显著优势。沿线途经青原山、翠微峰、百里莲花带等风景名胜，革命摇篮井冈山、"宁都起义"指挥部旧址等红色胜地，钓源古村、渼陂古村、梅冈古村、杨侬古村、欧阳修纪念馆、宋代雁塔等人文古迹。井冈精神、苏区精神发源于此，庐陵文化、客家文化、茶文化在这里交相辉映。

4.1.2 建设实践

广吉高速公路项目立足功能、工程与环境特点，在全面梳理工程建设管理与技术需求的基础上，从绿色公路示范、品质工程打造、建设管理提升三个方面重点突破，科技创新与管理创新同步推进，以实现绿色公路与品质工程协同打造的目标。

广吉高速公路项目围绕资源节约、生态环保、品质建设、服务提升及创新驱动五大方面全面发力，聚焦土地资源保护等 14 个重点示范内容，实施绿色施工等 4 个专项行动，形成或应用了 33 项"四新"技术和管理创新。如图 4-2 所示。

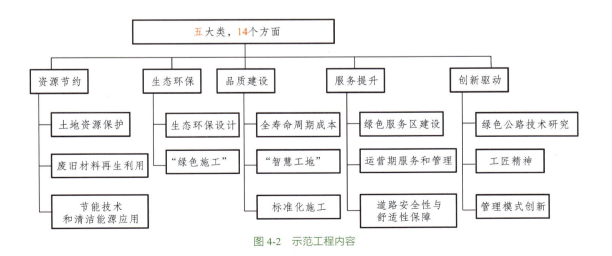

图 4-2 示范工程内容

1. 资源节约

1）土地资源保护

（1）集约利用通道资源

广吉高速公路项目按照"统筹规划、合理布局、集约高效"原则，调整和优化线位布设，充分利用铁路、普通公路等通道资源。通过优化平纵线形，利用 G2016、S216、S208、S319 等普通公路，设置小港、头陂、东山坝、新圩等互通与地方连接；通过前期与昌吉赣铁路设计部门协调与沟通，由昌吉赣铁路预留出 70 m 宽的通道予广吉高速公路下穿；通过左右线分幅设计，下穿京九铁路 12、13 号桥墩。

（2）合理调配土方资源

广吉高速公路项目组通过初步设计、施工图设计两个阶段的路线设计优化，因地制宜采用低路堤和浅路堑方案，减少永久用地 1 600 亩（1 亩≈666.67m²），其中耕地减少 264 亩且未占用基本农田，土石方量减少 370 万立方米。

项目在施工过程中充分考虑填挖方的平衡，全面统筹各合同段间土石方的调配和利用，同时将弃土弃渣的利用与地方建设结合，通过铺路、制砂、填坑、造地等途径进行综合利用，项目实际弃土弃渣量减少约 90 万立方米。

项目积极推进取土、弃土与改地、造地、复垦相结合的综合措施，合理利用公路两侧山谷作为弃土填平区，通过在弃土场表面覆盖耕植土表层将其改造成水田或景观林地，减少土地分隔，实现沿线土地的高效利用。如图 4-3 所示。

图 4-3　取（弃）土场填平复绿

项目重视原坡面腐殖土的保护和集中堆放，施工前严格按照水土保持方案的要求进行表土剥离，表土剥离量达 150 万立方米，剥离的表土集中堆放至表土临时堆放场，并进行拦挡和覆盖。施工过程中，充分利用表土进行边坡、临时用地的生态恢复，加快了植被恢复的速度和效果。

（3）永临结合

广吉高速在征地拆迁上不断优化统筹方案，实行了大量"永临结合"、"变废为宝"措施，以最大程度减少临时用地，少占或不占农田、耕地。将服务区、收费站、互通等暂时不用的永久用地提供给施工单位作为临时用地，既减少了项目临时用地和对生态环境的破坏，又降低了工程成本。全线 28 个预制梁场，26 个设置在主线范围内；C2 标的混凝土拌和站、钢筋加工车间、小构预制场及项目经理部设在新圩养护工区和新圩互通内；C4 标驻地选在占地约 55 亩的原木材厂内，利用原有办公楼、钢筋棚及空地实现了驻地、1 号混凝土拌和场、小构预制场、钢筋加工场"四合一"。如图 4-4、4-5 所示。

图 4-4　C2 标养护工区　　　　　　　　　　　图 4-5　C4 标驻地

2）废旧材料再生利用

（1）废旧轮胎再利用

为实现废旧轮胎资源在公路工程中的规模化应用及提升沥青路面结构与材料的可靠性、路面使用性能的耐久性、驾乘人员的舒适性，K1~K70 段采用双层橡胶粉复合改性沥青路面，再生循环利用废旧轮胎约 12 万条，实现废旧轮胎等工业废料的再生和循环利用，在生态环保的同时降低路面全寿命周期成本。如图 4-6、4-7 所示。

（2）粉煤灰应用

广吉项目开工之初，A6 标项目部主动联系赣州地区范围内的火力发电厂，大量采用废料粉煤灰作为混凝土拌和料，不仅增加了混凝土的和易性与可泵性，且在一定程度上减少了水泥使用量，增强了混凝土后期强度，既降低了成本，又达到了绿色施工、低碳生产的效果。

示范路结构方案	试验路结构方案
4cm 细粒式橡胶沥青混凝土(ARAC-13C)	4cm 细粒式橡胶沥青混凝土(ARAC-13C)
6cm 中粒式橡胶沥青混凝土(ARAC-20C)	橡胶沥青防水黏结层
9cm 沥青碎石(ATB-25)	7cm 中粒式橡胶沥青混凝土(ARAC-20C)
0.6cm 改性沥青单层表处	2cm 橡胶沥青应力吸收层(ARAC-10)
20cm 水泥稳定碎石	改性乳化沥青透层
19cm 低剂量水泥稳定碎石	20cm 水泥稳定级配碎石 $7dR_d \geq 6MPa$
20cm 级配碎石	20cm 水泥稳定级配碎石 $7dR_d \geq 6MPa$
	20cm 水泥稳定级配碎石 $7dR_d \geq 4MPa$

加入小剂量水泥处治(3%)

原设计示范路段整体结构层厚度为78 cm，本试验路结构层厚度为73 cm，与原设计有一定差异，需在路基填筑时提前考虑路面标高问题，将试验路段路基提高5 cm

图 4-6　橡胶沥青路面结构

图 4-7　橡胶沥青路面施工

3）节能技术和清洁能源应用

（1）清洁能源应用

广吉高速公路将太阳能直接照明技术、太阳能光伏发电技术、风光互补技术、LED 智能控制技术等关键技术进行系统集成，提高了运营期低碳节能水平；首次在距离常规供电点较远的吉水枢纽互通设置超节能门架式可变信息标志，并试点采用太阳能供电方案，有效降低了可变信息标志功耗，实现机电设备的环保节能运行。

（2）节能系统应用

广吉项目将绿色供配电技术应用于项目机电系统，采用中压供电和直流供电等技术，减少设施设备投资，降低能耗。

广吉项目隧道设计以"安全第一"为设计思想，通过感知车速、车流、照度等环境信息进行自反馈控制，根据实际照明需求对隧道灯进行亮度调节。在沿线附属设施通过红外感应人体的存在，以 Zig-Bee 技术控制室内照明灯开关，并利用隧道各点布设的传感器实时检测各断面一氧化碳浓度和烟雾浓度，使风机在符合国家安全标准和隧道设计规范的前提下，按照 CO/VI 浓度变频运行，智能控制隧道风机启停及开启度。

（3）施工节能措施

广吉项目建立健全施工期能耗监测管理、工程机械排放达标准入等管理制度，强化管理，降低能耗；沥青混合料拌和楼采用"煤改气"技术，减少废弃排放；采用温拌沥青技术，在不降低沥青路面性能的前提下，使用添加剂或其他方法降低沥青混合料中的黏度，保证在低温条件下沥青混合料拌和、摊铺的和易性，显著降低了施工能耗及空气污染。

2．生态环保

1）生态环保设计

（1）生态选线

广吉高速公路路线走廊带经过广昌县龙凤岩风景区、永丰县国家森林公园、青原区白云山省级森林公园和青原山省级森林公园等环境敏感区，经过铀矿、稀土矿等矿区。路线设计过程中综合分析广吉高速公路的地质地貌等因素，设置 29 处比较段进行充分论证，筛选对环境影响最小的路线走向，扰动土地面积减少约 106.67 hm²，土石方量减少约 370 万立方米，绕避铀矿、稀土矿等矿区 15 处、宁都梅江国家湿地公园等生态敏感区 4 区、水源保护区或取水口 15 处。

（2）植被恢复

广吉项目在边坡工程中采用集成生态修复技术、生态循环技术、地材利用技术、最新工程防护技术的三联生态防护技术，实现高坡面植被盖度，营造消纳减排、改善气候的生态环境效果，生态效益显著。边坡复绿采用铁芒萁、葛藤等本土植物。如图 4-8 ～ 4-11 所示。

图 4-8　铁芒萁种植

图 4-9　路侧碎落台绿化

图 4-10　特色边坡

图 4-11　框格锚杆＋植生袋

（3）水土环境保护

项目采用路面径流全收集全处理系统和水环境风险监测预警系统，针对抚河源头水（盱江）保护区桥路面径流收集进行专项设计，保护源头水。

2）"绿色施工"

（1）主体防护同步施工

针对江西赣南雨季易出现连续性降雨等恶劣天气频发的特点，为了避免土方施工后经雨水冲刷，影响上、下边坡的质量和外观形象，项目部入场之处便确定了绿化作业队伍，防护作业队提早入场，修筑完成一个边坡后，立即组织人员进行喷播绿化、砌筑防护，使边坡更牢固、排水更通畅，有效地保护了边坡成型，确定实现路基施工一段、稳定一段的目标。

（2）可移动式泥浆池应用

在桥梁桩基施工过程中，项目部集思广益为做到对周边环境最小程度破坏，采用钢板、角钢焊制可移动式泥浆池储存泥浆，确保泥浆循环不外流，成桩后待泥浆沉淀，废水排出后，将泥浆池内的沉渣装运集中处理，实现了泥浆的环保处理与泥浆池的循环利用，有效杜绝了传统工艺中就地开挖泥浆池对周围环境造成的破坏及污染。

（3）路基水压爆破

路基石方开挖通常需要使用炸药雷管等爆破材料对石方进行爆破，产生大量灰尘，环境影响恶劣。项目将以往用于隧道石方开挖辅助的水压爆破技术用于路基石方开挖，不仅节省炸药约15%，起到良好的节能减排效果，且大幅减少了爆破灰尘的产生，爆破后的破碎岩石均匀，有效减少二次破碎的工作量，提高了爆破作业效率。

（4）施工降尘及环境监测

广吉高速公路在混凝土拌和站、水稳拌和站、沥青拌和站、路基土方施工工区配备全自动喷雾除尘机，在出入口设置洗车池，实现无污染施工，基本做到重点区域建筑施工工地周边围挡、物料堆放覆盖、土方开挖湿法作业、路面硬化、出入车辆清洗、渣土车辆密闭运输的"六个百分之百"覆盖；运用可移动式环境监测站和移动监测车，对施工环境污染敏感区域进行移动监测，实时监测与分析大气质量监测数据。降尘雾炮机和洗车池如图4-12、4-13 所示。

图 4-12　降尘雾炮机

图 4-13　洗车池

（5）沥青混凝土绿色生产

　　沥青烟的主要治理方法包括燃烧法、吸收法、吸附法、静电捕集法和光催化氧化法等，广吉高速公路 GJGX2 标根据 SBS 改性沥青加工特点，对高温废弃集中收集后，综合采用烟气喷淋塔、湿式横流高压静电工业废气净化器和多级等离子光催化塔等处理措施实现沥青烟气的环保排放。

　　针对橡胶沥青加工环节异味严重、硫化物气体排放严重超标等问题，广吉高速项目在加工站增加沥青废气收集、VOCs 技术治理、蓄热直燃焚烧及废热回收利用等环保处理措施，提高能源利用效率，控制异味气体及恶臭物质，做到达标排放。

　　借鉴市政工程建设经验，引进环保型沥青搅拌设备，通过骨料配供、干燥及引风设备的全封闭收集和集中处理，沥青、油烟气及粉尘的全收集，搅拌主楼、装料斗及溢料斗的

全封闭等措施提高拌站的环保水平。如图 4-14、4-15 所示。

图 4-14　封闭式冷骨料配供系统　　　　图 4-15　沥青、烟气和粉尘收集系统

3．品质建设

1）全寿命周期成本

（1）钢结构桥梁

为响应国家推广绿色建筑、化解过剩产能的产业政策，推进钢结构桥梁的应用，发挥其在全寿命周期成本方面的比较优势，广吉高速公路在宁都北枢纽 1 座主线跨线桥和 2 座匝道桥采用钢 - 混叠合梁桥。钢 - 混组合梁在全寿命周期内，回收利用率高，有利于节约建筑材料，减少资源消耗，降低环境污染，易于实现工厂化，充分体现了绿色公路的设计理念。

（2）桥梁工程"3*3"管理制度

全线预制梁场基本做到"三化"（工厂化、标准化、智能化）、"三集中"（混凝土集中拌和、构件集中预制、钢筋集中加工）、"三智能"（预应力智能张拉、智能压浆、钢筋数控加工与钢筋笼数控滚焊）管理。

（3）"四新"技术

桥梁总长大于 2 000 m 的标段采用悬挂式桁架分体辊轴摊铺机施工桥面铺装，提高桥面铺装的施工效率和质量。桥台台背采用泡沫轻质土回填，减少桥台跳车的质量隐患，提高了车辆通行的安全性；探索路基土石方施工快速检测技术，已申报地方标准并已立项。

2）"智慧工地"

（1）监控、监测信息化

全部路面标段实现了路面施工质量的实时监控，基质沥青运输、改性沥青加工和运输、混合料实拌配合比、混合料运输和摊铺、现场碾压时间及遍数等均实现实时监控。

在 3 个标段的预制梁场和混凝土拌和站探索对预制梁生产的实时监控，包括混凝土实拌配合比、预应力张拉和预应力管道压浆的智能化与实时监控。

在 3 个标段引进公路路基智能压实和实时监控技术，对提高和保证公路施工质量，提升工程耐久性具有重要作用。

有效预应力检测、路基压实度快速检测技术、公路工程施工质量监管信息化技术规范已申报地方标准并以立项。

（2）建设管理信息化

运用"互联网＋"信息化监管技术，加快信息沟通速度，提升项目管理水平，已上线 OA 办公及计量支付、工程进度监控、路基压实监控、视频监控等系统，充分发挥了信息化管理的辅助作用。

（3）BIM 技术

BIM 技术可以实现对工程项目的全方位全生命周期的优化和管理，其核心为全生命周期应用和信息共享。广吉高速公路基于 BIM 技术开发桥梁 BIM 协同管理系统，包括统一的信息数据库、模型构件库、参数化建模系统、动态模拟系统、算量系统、固定端协同管理系统、移动端管理系统、施工管理系统、运维管理系统等，可实现桥梁工程 BIM 模型在勘察、设计、建设、施工、运维等过程的应用，实现项目全生命周期的可预测和可控制。

除此之外，广吉高速项目还开展了 BIM 项目管理系统与 BIM+ 技术的融合，如 BIM+ 移动互联网技术有效解决 BIM 软件本身和 BIM 工程资料数据庞大及工程建设实施后期繁杂数据的处理；采用 BIM+ 物联网技术将建筑物信息与项目控制中心集成关联，开创智慧建筑新时代；采用 BIM+ 激光扫描技术辅助工程质量检查与快速建模，减少返工；采用 BIM+ 数字加工技术用于预制混凝土板生产、管线预制加工和钢结构加工。

3）标准化施工

以首件示范制为关键点，全线推广标准工法。项目办出台首件制管理办法，所有分项工程按"以工程保分项、以分项保单位、以单位保总体"的质量创优保障原则，施工方案经项目办、监理、施工单位共同评审选定最优方案，形成首件工程实施方案及总结；在全线实施该方案并及时总结，将达标的首件工程作为实体示范工程，选取最优质量管理手段、工艺工法，形成标准工法和总结，在全线分项工程中推广；在推广过程中加强后续工序控制，实现"超前控制，做好首件，典型示范，带动全面"的目标。

鼓励工程构件生产工厂化与现场施工装配化，注重工程质量，提高工程耐久性，实现工程内外品质的全面提升。广吉高速公路在设计中大量采用标准化设计，如桥梁、涵洞等结构形式全线采用统一通用图，尽量归并桥梁上下部结构形式，最大限度提高标准化施工条件，为运营期的养护提供便利；下边坡人字骨架、排水沟、土路肩混凝土板等设计为混凝土标准化构件，推行混凝土构件预制工厂化，现场拼装，总结提升施工标准化经验，确保工程质量和耐久性。

4. 服务提升

1）绿色服务区建设

广吉高速公路结合绿色建筑与海绵城市理念，提出了以"个性化、人性化、智能化、低碳化、海绵化"为基本特征的服务区、收费站建设理念，并结合项目实际设计了以透水铺装、下沉式绿地、景观水体、太阳能光伏发电系统等低影响开发模块构建"收集—储存、净化—回用、资源—节约"为核心的绿色服务区系统，为绿色公路服务区建设技术奠定集成应用基础。

（1）透水铺装

泰和北服务区设计了由排水降噪沥青混凝土路面、透水水泥混凝土路面、透水砖铺装和屋面收水系统组成的透水铺装系统，实现全场区范围内雨水渗透，做到"小雨不积水、大雨不内涝"，达到减洪、水质净化与地下水涵养的目的。如图4-16、4-17所示。

图4-16　停车位草坪砖

图4-17　人行道透水铺装

（2）下沉式绿地

泰和北服务区将场区及建筑群周围绿地均设计为下沉式绿地，在行车道与停车区衔接位置设置雨水花园以蓄存雨水；在绿地内设置溢流口，保证暴雨时径流的溢流排放，实现雨水的"渗、滞、蓄、净、排"，达到减少径流外排的作用。

（3）节能技术及可再生能源利用

以广吉高速泰和北服务区为例，为了节约电能，泰和北服务区根据车流量预测用电负荷分布情况，对负荷进行合理分配，选取容量与电力负荷相适应的供、配电设备，合理设置配电间位置，以降低变损和线损损耗；采用自控节能系统降低用电设备自身运行损耗，提高能耗比；室内外照明灯具采用LED节能照明灯代替传统的高压钠灯、卤素灯和日光灯；走廊、楼梯间等公共场所采用分区、定时、感应等节能照明控制措施。

泰和北服务区综合考虑场区内阳光照射情况，在建筑屋顶及停车位铺设光伏发电系统，并将其与电网连接，为用电设施提供清洁电能，有效减少了用电成本及二氧化碳排放量。

2）运营期服务和管理

广吉高速公路采用自动发卡系统，全线收费站做到进口道"无人值守"；出口道采用智慧岗亭，实现出口道系统集成化和智慧化。

服务区采用"厕所革命"理念及支持技术、膜生物反应器＋人工湿地组合污水处理系统、服务区生活垃圾分类与资源化技术等，提高服务区的污染治理水平。

3）道路安全性与舒适性保障

（1）排水沥青路面

广吉高速公路在 CP2 标段 K136+600~K155+560、JK0+000~JK33+200 路段和泰和北服务区采用成本低、噪声小的排水沥青路面。项目采用 HVA 高黏度添加剂与 SBS 改性沥青进行复合改性，有效提高了排水沥青路面的抗车辙、抗水损坏与抗飞散性能，显著提升了沥青路面排水系统性能，延长我国高速公路沥青路面的使用寿命，排水沥青路面的应用有效提高了路面的抗滑和降噪功能及雨天行车安全性。如图 4-18 所示。

图 4-18　泰和北服务区排水降噪路面

（2）景观绿化

针对全线 170 km 采用"新泽西墙"中央分隔带的现状，采用"特色文化＋"景观防眩板设计，优化视觉引导效果，提升行车安全性。

边坡采取"花镜式"设计理念，增加本地蕨类植物的利用，使其更接近自然，与自然和谐相融。

通过对互通区采用"公园式"设计，服务区采用"庭院式"设计、中央分隔带采用"塔柏斜向 60°、三株一排"设计理念，起到"车在路上行、景在画中变"的绝佳视觉效果。如图 4-19 所示。

图 4-19　服务区景观绿地

5. 创新驱动

1）绿色公路技术研究

开展了绿色公路建设评价体系及适宜性技术研究、功能型橡胶沥青路面典型结构与材料技术研究、大体积泡沫轻质土发泡机理及控温技术研究、悬浇混凝土梁桥 BIM 技术研究、多雨地区高速公路双层排水沥青路面关键技术研究、高速公路绿色服务区建设技术体系及标准研究、公路工程施工质量监管信息化技术规范研究、钢 - 混组合结构在高速公路常规桥梁中的应用研究 8 项科研课题技术攻关与应用。

基于"绿色公路"和"品质工程"理念修订《江西省高速公路勘察设计指南》；编制了橡胶粉改性沥青路面、排水路面、绿色服务区、泡沫轻质土等新技术的行业或地方标准；编制了江西省绿色公路评价体系及建设指南，涵盖设计、施工及评价标准等内容，让绿色公路建设技术可复制可推广。

2）工匠精神

广吉高速项目全线各施工单位共产生 120 余项"微创新"成果，这些"微创新"实践成果凝聚了广吉项目全体参建人员对品质工程孜孜不倦的追求，其中 48 项参加了项目办组织的评比，评选出包括龙门吊滑触线、液压夹轨器、整体编束穿索、桥面封闭预留槽、安全教育体验馆、框格定型钢模等 6 项微创新一、二、三等奖和 8 项微创新优秀奖。如图4-20 ～ 4-25 所示。

3）管理模式创新

广吉高速项目采用了施工全过程激励管理（PSCED），即：

择优（Preference）：信用分择优评标，选择优质的施工单位。

标准（Standard）：制定"一纲五册"（项目管理大纲和安全管理、质量管理、廉政工作、标准化、绿色公路建设实践等五册），强调"管理标准化"。

竞赛（Competition）：强化大临设施的标准化建设，全面开展劳动竞赛，着力推广首件示范，建立劳动竞赛常态化机制，鼓励施工单位提升工程品质。

图 4-20　龙门吊安全悬浮滑接输电装置

图 4-21　安全教育体验馆

图 4-22　龙门吊安装液压夹轨器

图 4-23　桥面封闭式伸缩缝预留槽

图 4-24　框格梁定型轻质钢模

图 4-25　预应力钢绞线整体穿束

激励（Excitation）：项目办和施工单位共同出资设立风险金，通过劳动竞赛和考核评比的结果兑现风险金。

示范（Demonstration）：通过劳动竞赛和风险金激励，鼓励施工单位提高积极性，争当排头兵，起到带头示范的效果。

项目办纪委和宁都县纪委开展了共创"绿色公路 廉洁项目 和谐高速"活动。双方纪委重点围绕信息共享、定期会商、互相监督、联合查处四个方面形成联动机制，搭建廉政共建平台，着力防范廉政风险，确保"工程优质、干部廉洁"。

4.1.3 建设成效

广吉高速公路横跨抚州、赣州、吉安，设计过程中充分调查了沿线的地形、地貌、地质、植被等，路线布设顺势而为线形走向，尽可能与山川、河流、地势吻合，接近自然，融入自然，达到自然景观与再造景观的和谐统一。同时，对再造景观用连续的手法，通过形态、质地、色彩的渐进，达到"车在路上行，人在画中游"的景观效果，将景观设计与当地文化特色有机结合，将交通运输功能与旅游服务功能紧密结合，充分体现旅游公路景观设计的功能性与特殊性，有助于推动区域经济发展、宣传文化、促进旅游事业与民族团结。

广吉高速采用的橡胶粉复合改性沥青比 SBS 改性沥青每吨价格降低约 700 元，因此将橡胶粉与 SBS 复合改性沥青应用于高速公路中上面层中，按中、上面层的厚度分别为 6 cm 和 4 cm，油石比分为 5.4% 和 5.0%，双向四车道计算，每千米可节约造价 17.5 万元；将其推广应用 1 000 km，可节约 1.75 亿元材料费用，节约道路石油沥青 3.75 万吨，节约道路石油沥青费用约 1.24 亿元，减少 900 t SO_2 气体排放，节约废旧轮胎的土地占用面积 51.2 万平方米；按照 15 年的设计使用年限计算，使用期内可减少大修费用约 4 亿元，经济效益与社会环保效益明显。

广吉高速 A6 项目采用激光 - 超声波桁架分体辊轴摊铺机摊铺技术，取消了传统桥面铺装作业方式中的高程带施工，直接节省模板 300 m，累计节省人工 213 工，缩短工期 39 天；每联桥面铺装现浇施工可节省 2 名作业人员，节省混凝土振捣作业时间 3.5 h，累计节省人工 62 工；采用液压抹光机进行抹光作业，累计节省人工 71 工；按工人工资平均 200 元 /（工·日），槽钢 4 400 元 / t 计算，直接节约经济成本 82 400 元。

4.2 长沙至益阳高速公路扩容工程

4.2.1 项目概况

1. 项目简介

长益高速扩容工程是长沙—张家界高速公路复线工程的一段，是二连浩特—广州高速公路（G55）的联络线之一。项目位于洞庭湖滨湖地区，沿线经过多条湘江支流，呈现出水资源敏感区分布广、水资源保护要求高、森林与林地保护区植被生态敏感度高、丘陵地貌耕地资源少、土地价值高等特点，具备建设"绿色公路"示范工程的区位优势。项目建成后，将大大缓解现有长益高速公路交通压力，增加长沙主城区"西大门"出入口，更好为沿线经济发展服务，并有力促进区域社会经济协调发展。

2017 年，交通运输部公布第二批绿色公路建设典型示范工程建设项目清单，长益高速扩容工程名列其中。此外，长益高速扩容工程也是湖南省"品质工程"建设典型示范工程，承担"钢结构桥梁建设"、"绿色服务区"创建等多项示范任务。长益扩容公司紧抓"典型示范工程"与"品质工程"建设契机，将质量安全贯彻桥梁勘察、设计、建设、养护、管理、保护全生命周期，匠心打造长益扩容安全耐久"品质工程"，全面提升质量安全水平。

2. 工程概况

长益扩容工程基本与现有的长张高速长沙至益阳段平行，路线全长 50.28 km，双向六车道高速。路线起于长沙市望城区，与长沙绕城高速相交，途经长沙市望城区、宁乡市及益阳市赫山区，由乌山互通与岳临高速（长湘段）相交，止于苏家坝互通，对接平洞高速和长张高速。如图 4-26 所示。

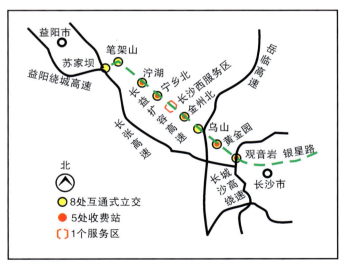

图 4-26　长益高速扩容工程路线图

全线共设置观音岩、黄金园、乌山、金州北、宁乡北、泠湖、笔架山、苏家坝互通立交 8 处，收费站 5 处，服务区 1 处。长益扩容工程建成后，长沙又新增一条对外出入通道。通过该路线，将连通平洞、二广、呼北等高速，形成一条湘西片区连接长株潭的新通道，带动沿线经济快速发展。

4.2.2 试点内容

1. 统筹资源利用，实现集约节约

1）废旧材料再生利用

（1）建筑垃圾利用

长益高速扩容工程途经长沙与益阳经济高度发达的街道与乡镇，其旧城改造产生了大量的建筑垃圾，不仅对水土产生严重的污染，且占用大量土地资源；另一方面，由于环保、材料消耗过高，长沙至益阳周边的碎石厂与采砂场均已关停，筑路材料均需由外远运，成本高，且严重影响环境质量。

基于上述现状，湖南省长益高速公路扩容工程建设开发有限公司（简称"长益扩容公司"）申报了湖南省交通运输厅 2018 年度厅科技进步与创新计划项目——"基于碱激发原理的建筑固体废弃物道路基层材料研究与工程应用"，致力于采用建筑垃圾再生集料来代替原生矿矿石材料，用于路面垫层、底基层与基层的修筑以及结构物台背回填。

项目研究技术全部应用在长益高速扩容工程，这是全国首次在高速公路主线中应用建筑固废再生水稳路面材料。项目共生产水泥稳定建筑垃圾再生集料 24 万吨，实现经济效益 1 200 万元。资源化利用建筑垃圾 20.8 万吨，节省造价 600 万元，节约用于堆放建筑垃圾与开采新的碎石的土地约 60 亩，减少有害气体排放 1 600 吨，减少因开采碎石及污染与废土堆放及污染的土地共约 120 亩。

建筑垃圾道路基层材料在长益扩容工程中的成功应用，既消纳了由城区改造所产生的建筑垃圾，同时极大缓解了矿石资源匮乏对道路工程建设造成的压力，符合长益高速扩容工程打造"符合可持续发展要求的环保生态路"、"以人为本，资源节约、营运安全的效益路"的理念。此外，在长益高速扩容工程路面基层铺筑中，所用建筑垃圾道路基层材料全部符合设计指标要求，且配套生产、施工工艺成熟，对以后该技术在高等级公路的推广应用具有深远意义。

（2）混凝土回收利用

高速公路及市政道路改造会产生大量的废旧路面材料，如将这些废旧路面材料随意倾倒、堆放，不仅造成了严重的资源浪费，占用大量土地资源，还造成了巨大的水、土、大气综合污染，严重影响山水景观，给社会和生态环镜带来巨大的负面影响，同时大量废旧材料的长途远运，也会产生巨额运费，并给沿途带来交通噪声、扬尘等污染，破坏既有道路。

长益高速扩容工程将废旧的水泥混凝土剔除钢筋后进行破碎，生产混凝土再生集料，将废旧钢筋回收处理，所生产的再生集料性能指标虽略低于天然集料，但完全满足道路用材料指标要求。混凝土再生集料可用于生产水泥稳定材料进行路面基层与底基层铺筑、生产再生砂浆进行公路沟渠的砌筑、制备再生混凝土用作非承重结构及附属结构。长益高速公路扩容工程使用了大量废旧水泥混凝土，既节约了工程造价，同时保护了公共环境，突出了绿色公路发展主题。如图 4-27、4-28 所示。

图 4-27　旧路材料再利用（一）

图 4-28　旧路材料再利用（二）

（3）其他材料再利用

长益扩容工程在项目所涉及的 X077 县道改线段路面工程中，充分利用废弃的土、石、渣等废弃资源，采用智能化移动式设备，就地利用既有地材，快速进行处理修复，加入生物酶土壤固化溶液，经路拌法拌和后碾压成型为高密实的承载层，减少临时用地 10%，缩短工期 30%，且可实现废旧资源循环利用，大幅度减少水泥、砂和碎石材料的用量，社会效益、经济效益和绿色环保效益成效显著。如图 4-29、4-30 所示。

图 4-29　生物酶成套技术（一）

图 4-30　生物酶成套技术（二）

长益高速公路扩容工程中共使用建筑垃圾再生集料 20.4 万吨作底基层混合料，而长益高速公路扩容工程中路面基层、底基层的水泥稳定碎石使用量共约为 160 万吨，建筑垃圾在长益高速公路扩容工程中路面基层、底基层的循环利用率约为 12.8%，这是建筑垃圾在高等级公路中应用的重大突破，同时为我国公路建设的绿色发展提供典范作用。

2）"三零三百"

长益高速公路扩容工程地处洞庭湖滨湖地区，且项目大部分位于国家级开发新区——湘江新区境内，土地资源珍贵，环保要求高，水资源敏感区分布广，因此，长益扩容公司高度重视公路建设与资源节约及环境保护等各方面要素的关系，因地制宜统筹土地资源、水资源，确立"三零三百"的建设目标，以资源节约与环境保护为主线，推广应用新技术、新工艺、新材料、新设备，打造高质量绿色公路示范工程。

（1）填挖平衡，零弃方

项目在施工图设计阶段严格执行"零弃方"，改进土石方调配，综合利用隧道弃渣，合理选择取弃土场位置，将弃方总量由 89.5 万立方米减少至 3.3 万立方米，并通过主线两侧辅道结合当地的建设予以消化，实现"零弃方"目的。

项目充分利用六车道高速公路的桥下净宽，所有标段的纵向施工便道 90% 设置在红线范围内，取弃土场结合还塘、互通整形等方案综合设置，既减少征用临时用地，同时确保实现"零弃方"。

（2）生态防护，零圬工

项目将挖方混凝土矩形边沟下移，地表做成可植草绿化的碟形边沟，下面矩形沟为主要的排水通道，用暗埋式生态沟取代传统的浆砌片石或预制边沟，避免边沟外露，形成路侧"绿色"边沟，与公路沿线绿化防护共同构成绿色景观，提高行车舒适性和安全性。如图 4-31、4-32 所示。

图 4-31　路堑浅碟形边沟

图 4-32　暗埋式路堑浅碟形边沟

路基边坡采用生态防护技术，全线上边坡采用生态植物防护，选择可与周边自然景观和谐统一的本土植物，保证了植物的高成活率，实现边坡的无痕化施工；下边坡防护根据填方高度采取预制构件的骨架防护，加强对自然地貌、原生植被与地表资源等方面的保护。

（3）优化方案，零塌方

路基施工中采用智能压实监控系统，实时监测路基碾压遍数等压实参数，严格施工过程管理，既提高了压实效率，又确保了路基压实质量。如图 4-33 所示。

图 4-33　智能压实监控系统

（4）隧道洞渣，百分百利用

项目唯一一座隧道乌山隧道施工中，将部分洞渣利用至路基清淤回填、纵向便道（包括运梁便道）填筑及构造物台背回填，剩余部分自建碎石场与当地采石场合作代加工的方式，实现隧道洞渣 100% 利用。

（5）表土资源，百分百利用

在清表清淤过程中对耕植土进行剥离，将表土暂时存放在临时弃土场，作全线取、弃土场后期复垦用；在互通挖平区敷设淤泥，集中存放，将在路基成型后覆盖于上下边坡，作为后期挖平区绿化覆盖控制措施，打造生态边坡；清淤后将淤泥堆积于坡脚线以外，待填方边坡成型后，将淤泥重新开挖敷设于填方边坡，并一次将填方水沟基坑成型。如图 4-34 所示。

图 4-34　表土资源再利用

（6）污染物排放，百分百处理

① 工程废弃物控制

根据施工现场废弃物清单分类，对废弃物进行分类回收存放，并制定余料回收制度等措施，加强工程废弃物的回收利用。如图 4-35 ~ 4-37 所示。

图 4-35　沉淀池废弃料修变道　　　图 4-36　下料钢筋头用于湿接缝　　　图 4-37　有毒、有害物品分类存放

② 水土污染控制

施工现场污水排放达到国家标准的要求，化学品存放处及污物排放采取隔离措施，在施工现场针对不同的污水，设置相应的处理设施，如沉淀池等；施工现场要设置隔油池、化粪池等。施工结束后及时对施工场地进行复垦。如图 4-38 所示。

图 4-38　沉淀池

3）土地资源节约、集约利用

（1）集约利用通道资源

为谨慎处理好公路建设与通道资源利用的关系，长益扩容项目初步设计阶段，根据路线沿线区域及城市发展规划，与城市规划道路公用同一走廊带资源，实现线位稀缺资源的减量利用、有效利用和循环利用。初设阶段，长益扩容项目起点段 K0~K5 段路线共布设

了 K 线沿规划的城市主干路银星路布线和 A1 线沿规划的城市次干路黄金河北路布线两个比选方案。为集约利用主通道资源，初设阶段最终拟定沿城市主干路布设的 K 线方案为推荐方案。如图 4-39 所示。

图 4-39　集约利用通道资源

（2）路线平纵面优化

长益扩容项目施工图设计在满足道路使用功能和安全的前提下，从改善平纵面技术指标、优化平纵组合、提高线形与周边环境的协调性等角度，对路线平纵面方案进行优化，较初步设计阶段节约占地 12.02 hm²，较好地实现了节约用地、降低资源消耗的目的。

（3）以桥代路

长益扩容项目沿线地形平缓，基本农田分布广泛，路线无法完全绕避。设计中严格控制耕地占用的规模，在路线途经基本农田区域，基本上选择高架桥的形式穿越。长益扩容项目全线桥隧比为 45.6%，其中基本农田路段桥梁占比高达 87%，共节约占地约达 55 hm²。

（4）永临结合

长益扩容项目所有的监理处、施工标段项目部选址全部租用现有的闲置学校、政府办公用房或租用民房等，尽可能做到不占用临时用地。其中，第 2 监理处和第 4 合同段分别选用荒用的泞湖乡小学和朱良桥乡政府，经过改造后做项目部办公使用。项目通车后，已移交地方政府作为养老院，实现驻地的绿色循环使用。如图 4-40 所示。

隧道和服务区施工用电采用永临结合的方式，节约工程造价，解决通车后管理服务设施用电难的问题。隧道出口广场申请路面硬化临永结合变更，大大改善了隧道出口的施工环境，推进了隧道的施工进度，减少了沥青路面的厚度，节约了路面的工程造价。

图 4-40　项目部驻地永临结合

（5）场地"三集中"建设

为集约节约用地，长益扩容工程就各标段"三集中"设置、施工便道、取弃土场分别召开专题方案评审会，要求全线的拌和场、钢筋加工场、制梁场"三集中"临时用地选址尽可能设置于红线范围内。其中，2 标拌和站建设在红线外，但与地方协商好，按永久工程标准建设，待长益扩容工程建成后，将全部移交地方政府，为大河西湘江新区建设服务；4 标"三集中"场地设置于红线内的长沙西服务区，临建施工场地按永久工程设计，将路面底基层优化成砼结构，待临建工程完成后，直接在其表面铺设余下的路面结构，减少浪费，保证施工过程文明、安全、绿色、环保。如图 4-41 所示。

图 4-41　场地三集中布设

2．加强生态保护，注重自然和谐

1）生态保护

（1）生态选线

长益扩容项目在设计阶段，积极加强生态选线，避绕乌山省级森林公园、八曲河水源地保护区等生态环境敏感区。

（2）互通区湿地营造

设计中遵循"因地制宜、生物净化、景色优美、功能多样、易于养护"的原则，长益扩容公司拟在起点观音岩互通、乌山互通、笔架山互通等三处互通三角区内及其周边营造人工湿地生态系统，对自然降水形成吸收、净化、调蓄的"海绵"作用，构建健康、可持续局部湿地生态体系，最终达到调节局部生态平衡的目的。如图 4-42 所示。

图 4-42   观音岩互通区湿地营造效果图

2）水土环境保护

在沩水河钢便桥上设置钢护筒泥浆池，有效杜绝了泥浆对水体的污染。在全线流出路基的排水沟设置油水分离池，增强公路排水系统对路面径流的净化作用。

在服务区设计过程中，长益扩容工程积极贯彻"海绵城市"设计理念，利用植草沟、渗水砖、雨水花园、下沉式绿地等"绿色"措施来组织排水，从而达到利用植物截流、土壤渗滤来净化雨水、减少服务区污染的目的。如图 4-43 所示。

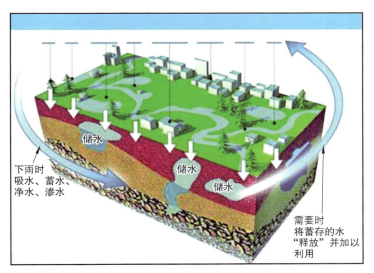

图 4-43   海绵城市效果图

3）空气环境保护

长益高速公路扩容工程在前期策划时，充分考虑绿色施工的重要性，将拌和站规划为全封闭式拌和站，极大减轻了地材扬尘对周边环境的影响，并制订了施工现场扬尘控制措施及应急预案，同时要求运输土方车辆必须覆盖处理，防止污损场外道路，对易产生扬尘的堆放材料应采取覆盖措施，对粉末状材料封闭存放。如图4-44、4-45所示。

图 4-44　封闭式料仓大棚

图 4-45　封闭式水泥灌

现场按规定配备洒水车每日定时根据天气情况洒水降尘，并设置专人负责并记录。在重要平交路口设置渣土车自动化洗车池、裸露黄土部分覆盖防尘膜等系列环保措施，有效减小施工对周边环境的影响。如图4-46、4-47所示。

图 4-46　洒水车路面洒水

图 4-47　场地门口洗车池

采用砂石分离机，对拌和站弃物中的砂、石、泥浆等进行分离、收集与再利用，既有效解决了废弃混凝土对环境的污染，又经济合理地节约了宝贵的建筑资源。

在环境敏感区域安装环保除尘雾炮机，有效消除污染物，达到减霾、除尘、抑尘的目的。

所有进出场车辆及机械设备有害气体排放均符合国家年检要求。电焊烟气的排放应符合现行国家标准《大气污染物综合排放标准》（GB 16297）的规定，并在焊接时要求采用二保焊及使用 502 焊条以减少废气的排放，且施工现场严禁焚烧各类废弃物。

4）声光环境保护

长益高速公路扩容工程为避免或减少施工过程中的光污染，在夜间室外照明灯加设灯罩，使透光方向集中在施工范围。电焊作业时尽量在钢筋棚内进行焊接作业，如需在场外焊接时，采取遮挡措施，避免电焊弧光外泄。如图 4-48、4-49 所示。

图 4-48　遮光罩

图 4-49　焊接遮挡

现场噪声排放不超过国家标准《建筑施工场界噪声限值》（GB 12523）的规定，在禁令时间内停止产生噪声的施工作业。同时在施工时采用低噪声、低振动的机具进行施工，发电机房设有隔离降噪措施，且在施工场界对噪声进行不定期监测与控制。如图 4-50 ~ 4-52 所示。

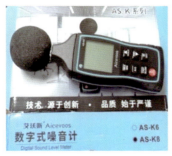

图 4-50　封闭式发电机房

图 4-51　噪声监测设备

图 4-52　噪声监测点

3．着眼周期成本，强化建养并重

1）精品桥、隧

长益扩容公司结合长益扩容工程实际特点，将第一合同段的金岭路高架桥、金朝路高架桥和第三合同段的留家山大桥的上部设计成 π 形多组梁钢 - 混组合结构，并将首次在钢结构桥梁建设中运用新型防腐材料石墨烯，以达到长效防腐的效果，大幅减少钢结构桥梁的维护保养频率，降低维护成本，延长桥梁使用寿命。如图 4-53 所示。

图 4-53　π 形钢混结构桥梁断面示意图

2）功能型路面

考虑长沙、益阳周边雨水天气较多的情况，为提升雨天行车安全性，长益扩容公司在全线选取隧道、缓和曲线及"S"形变坡点等雨天行车安全隐患突出的路段推广应用沥青排水路面，旨在消除雨天行车水雾，提高雨天行车能见度 2 倍以上，大幅缩短刹车距离，减少路段雨天事故 60% 以上。与传统沥青路面相比，排水沥青路面因其空隙较大，雨水可快速透入路面后排出，使路面在雨天也是"干燥"的，由于排水沥青路面具有抗滑性高、噪声低、抑制水雾、防止眩光等突出优点，采用沥青排水路面可降低路面行车噪声，提高行车舒适性，改善沿线生态环境，并可减少砂石及沥青材料的使用，在"绿色公路"建设方面具有重要意义。

3）建设管理信息化

长益高速公路扩容工程以建设"智慧工地"为目标，在项目管理和建设中，积极运用"互联网＋"信息化手段护航工程质量、安全，已开发运用基于移动互联网的公路桥梁养护管理平台系统、基于二维码技术的高速公路建设质量溯源动态管理系统、计量变更管理系统、工程造价软件、施工现场管理手机 APP、廉政风险防控系统、OA 信息化系统，研究开发一套农民工工资支付实时监控和保障软件。

长益高速公路扩容工程已完成全线 BIM 建模工作，并完成系统平台的质量管理、安全管理、进度管理、计量支付、人员材料设备管理等子系统具体功能建设，如开发"航拍照片＋BIM"技术的高速公路实景 3D 项目管理平台，开发与应用基于"移动互联网＋BIM"的动态信息管理系统用于现场质量安全痕迹管理、辅助计量支付、隐蔽工程监控。

4）标准化施工

长益扩容公司、总监办印发了《绿色公路及品质工程创建实施细则》，要求各承包人必须根据本标段特点对施工区域中的施工设备摆放和安全标志内容、尺寸进一步细化规定，并制定施工过程的安全和环境保护措施，实行安全分区管理。对施工便道便桥的布置、建设标准以及便道便桥养护进行统一要求。要求隧道作业统一配备电子门禁系统、远程监控系统，努力打造有序整齐的施工现场。如图 4-54、4-55 所示。

图 4-54　标准化钢筋加工棚

图 4-55　标准化预制梁场

长益扩容公司要求各施工单位切实落实重要的单项工程、重要工序和关键施工环节"首件工程样板引路制"，并根据项目特点，确定最佳的施工工艺；强化桥头跳车、路面和桥面早期破坏、隧道裂缝和渗漏水及梁板裂缝等质量通病治理工作；建设与管理标准化工地试验室，充分发挥工地试验室检测效能，以试验检测数据为依据，科学合理指导现场施工。

传统的盖板涵施工方法为：先挖基坑至持力层后，现浇筑混凝土基础、墙身，最后浇筑上部盖板。这样的施工工艺，对施工技术水平要求较低，在目前技术、装备及工程材料等各个方面均有长足进步的条件下，该类施工方法已经很难适应高速公路施工标准化对材料加工、施工工艺、试验检测、作业环境、建设成果等各方面的要求。长益高速公路扩容工程采用预制装配式涵洞施工，使公路工程建设的组织更加有序、紧密与合理，便于标准化施工。如图 4-56、4-57 所示。

图 4-56　通涵装配式施工

图 4-57　装配式通涵

5）养护便利化

设计阶段，长益扩容公司统筹考虑后期养护管理的功能性需要，针对目前中央开口带

存在的开口处护栏防护能力不足、端部过渡不合理、开启移动不方便等缺陷提前展开深入研究，设计完成了新型的中央分隔带开口护栏。优化后的新型护栏立柱采用插拔式立柱，4 个人 10 min 时间可完成中央分隔带开口护栏的开启，便于养护，可大大提高运营阶段日常监测维修工作的便利性与安全性。同时，优化后护栏防护能力和安全性能大幅提高，造价大幅降低造价，仅为同等防护等级条件下开口护栏价格的 1/2 至 1/3。此外，为便于运营期养护用水、植被灌溉等便利性，长益扩容项目在设计阶段，对全线桥面和路面径流水资源的收集利用进行了专题研究，利用还塘区、互通区等，对全线桥面和路面径流水进行集中收集、集中存储，方便养护期洒水车直接取水养护、灌溉等。

4. 实施创新驱动，实现科学高效

1）四新技术

长益高速公路扩容工程在建设过程中采用钢筋滚焊机、钢筋数控弯曲机等先进机械设备及多种先进工艺。如：在梁场建设中，积极运用梁场自动养生喷淋设备、龙门吊多级安全滑触线、液压行走式预制箱梁模板等；在梁板预制中，采用智能张拉、智能压浆等工艺，采用锚下预应力检测技术进行检测，并创新运用扁锚整体张拉技术，小箱梁墩顶负弯矩钢束采用扁锚预应力体系，克服了传统扁锚预应力单根张拉技术的不足，有效确保工程质量，实现扁锚预应力智能张拉，信息化管理。除此之外，扁锚整体张拉技术还成功应用于小箱梁腹、底板纵向预应力张拉和连续梁桥顶板横向预应力张拉；在桥梁立柱施工中，采用环保型清水混凝土脱模剂，实现循环使用；在路基施工中，采用智能压实系统；在隧道施工中，采用湿喷工艺，应用供配电系统节能技术、LED 节能灯具、照明智能控制系统、隧道通风节能技术等新技术和新设备，减少灯具布设个数、降低功率、发热量、延长设备使用寿命；在钢结构桥梁建设中，将采用"材料之王"石墨烯作为防腐涂料等。如图 4-58 ~ 4-61 所示。

图 4-58　自动养生喷淋设备

图 4-59　自动行走式预制箱梁液压模板

图 4-60　箱梁内模整体抽拔

图 4-61　扁锚负弯矩整体智能张拉

2）微创改

长益高速公路扩容工程在建设过程中以解决现场施工具体问题为导向，激励引导工人进行"微创新""微改造""微改良"，以创新为驱动，力促项目高效高品质建设。目前，长益扩容建设中已对桩基反循环工艺进行微改良，施工效率有效提高，并创新性制造出新型大直径漂石地层钻孔钻头，有效解决了大漂石地层钻孔难、排渣时易造成的堵管、孔壁扩孔和坍塌等问题；针对梁场多台龙门吊在同一轨道上作业电缆线较乱，导致电缆线经常破损，经常需要维修，后期维护费用较高的情况进行微改进，在水沟内侧设置多级安全滑触线，实现同一轨道上多台龙门吊可以共用一根滑触线，既节省空间又方便施工，且滑触线内使用的是铜线，经久耐用、维修少、施工效率高。

3）智慧高速建设

长益高速公路扩容工程是全国第一条支持自动驾驶的智慧高速公路。长益扩容长沙段对 30 km 高速公路进行智能化及网联化改造，通过引入人工智能、5G、边缘计算等新兴技术，建设能够支持 L3 级及以上自动驾驶智能网联汽车测试与示范应用的高速公路场景，形成创新优势，实现智能交通相关产业的聚合发展，并提升高速公路安全管控能力、通行效率及运营监管水平。如图 4-62 所示。

图 4-62　自动驾驶技术试点路段

4）绿色服务区建设

长益高速公路扩容工程长沙西服务区坚持绿色科技、人性化设计、低成本建设的设计理念，设置有购物、特色商铺、客房及宿舍、男女卫生间等服务功能。在后续使用过程中可将种植屋面、光伏发电、雨水收集等系统有机结合起来。

种植屋面：服务区屋顶采用种植屋面，在提供绿色景观的同时，优化服务区的生态环境，打造怡人空间。

光伏发电：在屋顶或者停车位设置太阳能板光伏发电，获得绿色能源，并降低炎热天气时的微系统温度，为人们提供良好休憩环境。

雨水收集：在屋顶或者服务区设置雨水收集系统，与种植屋面相辅相成，同时减少服务区对外界水源的依赖性，实现节约型服务区。

5. 完善标准规范，推动示范引领

1）将"绿色公路"建设要求写入招标文件

为确保施工组织设计符合绿色公路建设要求，长益扩容公司在招标文件中便结合"绿色公路"建设提出了相关要求，并在中标监理、施工单位进场之初制定印发了《长益高速公路扩容工程临建绿色标准化建设实施细则》，从源头入手，为临时工程绿色标准化建设提供了规范。

2）印发绿色公路建设实施细则

为推动"绿色公路"建设落实到位，长益扩容公司制订了绿色公路实施方案，明确了绿色目标，并结合工程建设实际，印发了实施细则，形成了极具操作性的技术规范，为"绿色公路"的落实奠定了坚实理论基础。

4.2.3 建设成效

1. 经济效益

规划设计阶段通过临永结合、"以桥带路"穿越农田区域、临时便道基本设置于红线范围内、集约利用通道资源等措施，节约了大量耕地及临时用地资源，经济效益显著。

建设过程中，通过现浇改预制优化桥梁上部结构、缩短桩长、全线优化边坡防护等举措，全线节约工程造价约 11 949 万元。

通过"变废为宝"，再生循环利用建筑固废，共生产水泥稳定建筑垃圾再生集料 24 万吨，实现经济效益 1 200 万元。

通过在沥青混合料生产中引进新型材料 PMC 煤粉取代传统重油，降低成本 28 万元，降低碳排放 1 222 t。

2．生态效益

通过集约利用银星路与城市主干道 5 km 线位资源，通道资源集约利用率为 10%。

长益高速公路扩容工程运用云中科技的再生水稳生产技术，共生产水泥稳定再生集料 24 万吨，实现经济效益 1 200 万元。资源化利用建筑垃圾 20.8 万吨，节省造价 600 万元，节约用于堆放建筑垃圾与开采新的碎石的土地约 60 亩，减少有害气体排放 1 600 t，减少因开采碎石及污染与废土堆放及污染的土地共约 120 亩。

3．社会效益

长益扩容工程采取多项质量、安全、环保措施确保项目高质量建成通车后，吸引大量司乘人员选择长益扩容高速出行，大大缓解了原有长益高速公路的交通压力。经初步调查，道路使用者对项目出行便利、道路平坦通畅、沿线视野开阔、生态环境优美等给予了一致好评，满意度达 90% 以上。

4.3　武定至易门高速公路

4.3.1　工程概况

1．项目简介

武易（武定至易门）高速公路属于镇中城市经济圈环线高速公路的一部分，也是镇中产业新区公路交通"五纵五横六枢纽"骨架路网的第二纵，与京昆高速 G5、杭瑞高速 G56 衔接。本项目北端始于武定县城东南杨柳河，途经武定县九厂、禄丰县仁兴、碧勤丰镇、安宁市青龙、禄裱镇、易门县六街、龙泉镇，终止于易门附近。起点接国家高速公路网 G5 永任至武定高速公路，止点接易门县县城东，接规划的弥勒—峨山—楚雄高速公路。

2．工程概况

项目全长 104.3 km（综合里程），按双向六车道高速公路标准建设，路基宽 33.5 m，设计速度 100 km/h，汽车荷载等级为公路 -I 级，概算总投资 154.42 亿元。

全线共计：路基土石方 2 745 万立方米，防护及排水工程 64.7 万立方米，桥梁 115 座，长 34 592 m（其中，特大、大桥 86 座，长 32 853 m；中桥 25 座，长 1 653 m；小桥 4 座，长 86 m）；涵洞、通道 216 道；隧道 4 座 /6 179 m（单洞）（其中，长隧道 1 座，单洞长 3 240 m；中隧道 2 座，单洞长 2 339 m；短隧道 1 座，单洞长 600 m）；互通式立交 10 处；路面工程为沥青混凝土路面；设置高速公路监控中心 1 处，下设 8 处收费站、2 处养护工区、1 处隧道管理所、2 处服务区，3 处停车区；占地面积 1 000 万平方米。

3．工程特点

结合项目区域的布局规划以及项目沿线环境特征，本项目具有以下几个特点：

（1）地处滇中产业新区，推进"一带一路"倡议实施。

本项目是滇中产业新区公路交通"五纵五横六枢纽"骨架路网的第二纵，也是先期工程"一纵一横两连接"高速公路的一纵，是连接楚雄、昆明、玉溪一州两市的重要通道。滇中新区位于昆明市主城区东西两侧，是滇中产业新区的核心区域，初期规划范围包括安宁市嵩明县和官渡区部分区域，面积约 482 km^2。2015 年 9 月 15 日，国务院《关于同意设立云南滇中新区的批复》（国函〔2015〕141 号），同意设立国家级新区——云南滇中新区，"要把建设云南滇中新区作为实施'一带一路'、长江经济带等国家重大战略和区域发展总体战略的重要举措，打造我国面向南亚、东南亚辐射中心的重要支点、云南桥头堡建设重要经济增长极、西部地区新型城镇化综合试验区和改革创新先行区"。建设好云南滇中新区，对于推进实施"一带一路"倡议和"长江经济带"等国家重大战略，为西部地区新型城镇化建设提供试验示范，培育壮大区域经济增长极具有重要意义。

本项目的建设对改善滇中地区的交通条件，加快滇中产业新区发展提升滇中经济圈竞争力，加强滇中地区与川南地区的相互联系，推动联动发展协调发展具有重要的意义。

（2）区域高速公路快速发展，带动少数民族脱贫致富。

云南是中国少数民族最多的省，据人口普查统计，云南少数民族有 25 个，在这 25 个少数民族中，有 15 个少数民族为云南省独有，少数民族人口占全省人口总数的 1/3，其分布地区约占全省总面积的 2/3 以上。武易项目经过地区沿途分布有彝族、回族、傣族、哈尼族、苗族、傈僳族等少数民族，少数民族人口达 20 多万。沿线文化丰富，主要包含彝族文化、化石文化、菌乡文化、水城文化等，并根据地方特色及场边特征，将特色文化因子有机植入到高速公路沿线构筑物、附属设施、隧道洞口装饰，全面提升武易高速公路的建设品质与文化品位，推介沿路特色旅游文化资源，带动沿线名族脱贫致富。

项目所处地区自然资源丰富，具有一定的经济发展潜力，而公路运输网络的不完善、运输条件的落后，严重制约着本地区经济的发展。滇中城市经济圈是西部大开发的重点地带，作为滇中城市经济圈骨架公路网的重要组成部分，本项目的建设实施将极大地改善区域交通基础设施落后的局面，改善当地的投资环境，带动区域经济发展，对沿线人民和少数民族脱贫致富具有重要现实意义。

（3）三个高接高立体互通，优化区域路网结构。

本项目与现有国家高速公路网（G5、G56）、国道（G108、G320）、省道（S213、S103）通过互通立交有机衔接，同时也与县道（X017、X026、X313、X314、X324、X334、XE63、XA19、XF50、XF55XF56 等）通过连接线相接，构成区域完善的公路交通网，极大地促进区域经济发展。项目共设互通 10 处，普通落地互通 8 处，枢纽互通 3 处（其中勤丰枢纽由长广高速项目设计，不计入本项目）。武易高速互通式立交如图 4-63 所示。

图 4-63　武易高速互通式立交

　　按照滇中产业新区公路交通规划，新区交通路网与云南省社会经济发展布局和国家高速公路路线功能相互协调，形成区域内完善的高速公路布局，便于昆明—玉溪—楚雄产业新区之间便捷联系，进一步提高路网连通度，交通量将出现路网内部转移，提升区域路网等级，改善区域内的交通运输条件，缩短运输时间，节约车辆运营成本，提高滇中产业新区的区位条件和经济可达性，加强影响区之间的经济联系，加快区域内矿产、旅游等资源的开发，促进沿线地区经济结构不断优化调整。

　　根据产业新区路网规划，在产业新区东北端，北上可通过四川通达内地，向西快捷进入攀枝花，向东连接省府昆明。因此，本项目的建设，将进一步完善滇中区域内的路网结构布局，实现与周边省、与周边国家的高速连接，并入亚洲公路网，完善东西向和南北向陆路国际国内大通道，连接长三角、成渝和珠三角，主动融入和服务"一带一路"倡议与"长江经济带"等国家重大发展战略；连接周边所有的州市行政中心，发挥滇中城市经济圈在全省的核心和辐射带动作用，成为支撑云南省全面建成小康社会的强大引擎。

　　（4）结合沿线旅游优势，开展绿色旅游示范工程。

　　武易项目沿线的旅游资源主要集中在武定县禄丰县安宁市、易门县。项目的建设将永仁方山、元谋土林、武定狮山、禄丰侏罗纪公园、安宁温泉、易门森林公园等旅游景点连接起来，形成以方山风景区、土林风光、金沙江自然风光、狮子山等风景名胜区为主的旅游业。改善交通条件，充分发挥其资源优势，项目的建设将促进滇中地区及沿线地区旅游业的进一步发展，为地区经济的可持续发展奠定良好的基础。如图 4-64 所示。

图 4-64　武易高速

4.3.2　建设理念

1.　总体思路

深入贯彻落实党的十八大精神，武易高速公路以交通运输部《关于实施绿色公路建设的指导意见》（交办公路〔2016〕93号）、《关于实施第二批绿色公路建设典型示范工程的通知》（交办公路函〔2017〕5号）文件为指导，牢固树立创新、协调绿色、开放、共享发展理念，落实平安交通、绿色交通、智慧交通、综合交通等四个交通的发展要求，建设以质量优良为前提，以资源节约、生态环保、节能高效、服务提升为主要特征的绿色公路，实现公路建设健康可持续发展。根据云南省"建设七彩美丽云南、争当生态文明排头兵"的发展战略，深入分析生态文明建设要求下行业发展受到的能源资源环境约束，坚持理念创新、科技创新、管理创新和体制机制创新的思路，以绿色交通基础设施、低碳环保运输装备、集约高效运输组织为重点领域，以高能效、低污染、生态友好、资源节约为目标，将生态文明理念融入工程建设的各方面和全过程。

依托武易高速绿色公路建设，结合工程项目特殊区位要求，树立全寿命周期成本理念，将绿色公路建设理念贯彻到规划、设计、施工、运营养护和管理的各方面及全过程，保证项目的组织管理、建设管理、设计、施工、监理技术服务、运营养护等各方面全员参与到绿色公路建设中来，实现绿色公路建设发展目标。

2.　建设目标

以交通运输部提出的"实施绿色公路建设"为指导，因地制宜将绿色公路建设理念贯穿于武易高速公路规划、设计、施工、运营、养护和管理的全过程，坚持理念创新、科技创新、管理创新和体制机制创新，通过38项主要任务的实施，使武易高速路基、桥梁、隧道、沿线设施等构造物与自然环境高度融合，实现建成"节能降耗、生态环保、科学高效、景观优美"的武易绿色公路的目标，促进滇中环线交通运输与区域经济及自然环境的协调发展。

4.3.3　建设实践

武易高速绿色公路以建设节能、低碳、环保智慧公路为目标，更加注重统筹全过程，更加注重统筹多系统，更加注重资源节约环境友好等要求的贯彻和落实，更加注重公路建设及运行管理的质量和效率，更加注重需求引领下公路的服务提升。

1.　节能降耗

项目施工建设期，积极采用新技术、新工艺，在资源、能源、材料的使用中，降低消耗数量调整消耗结构，提高使用效率，减少对碳吸收生态系统破坏，降低二氧化碳排放量。具体措施包括：对全线所有适宜的 6 000 余根桩基采用旋挖钻孔技术，对路面沥青拌和楼进行"油改气"改造，涉及拌和的沥青混凝土混合料共计约 25 万吨；全线积极推广波纹钢管涵取代同断面的钢筋混凝土盖板涵，安装总长度为 415.8 m，不仅节约工期，而且避免了大量钢筋、水泥、砂石、机械、模板的消耗；针对项目实际情况，综合考虑建设成本、项目环境条件、养护成本、工程实施风险等因素，在武定枢纽、安丰营枢纽等处桥梁中大跨径桥、弯坡斜等特殊形状桥均采用钢箱梁结构，共消耗 14 551.94 t 钢材；引入耐久性路面铺筑技术，在全线路面中面层掺加抗车辙剂 1 900 余吨、重载交通路段上面层掺加玄武岩纤维 50 余吨，该技术的实施对促进云南打造绿色、耐久、低碳高速公路具有重要意义。

武易高速公路基础设施运营推行 LED 节能照明技术，对项目所有隧道、管理中心收费站、服务区、停车区和养护区等区域的室内及室外照明范围进行 LED 照明及智能控制技术应用，推行 LED 节能照明技术，全线共使用约 11 000 余盏 LED 灯。

项目所在区域风能和太阳能资源较为丰富，百花山风电厂可实现年发电量 12 782.5 万千瓦·时，区域日照充足（年平均日照 2 254 h），百花山隧道建设期以及营运期用电充分利用百花山风电厂发电；在全线服务区、停车区收费站配置太阳能热水器，充分利用太阳能资源，解决工作人员和往来司机的热水需求。

项目对全线 4 座隧道壁面全部采用蓄能发光多功能环保涂料进行装饰，共计约 151 000 m²。

2.　生态环保

项目规划阶段坚持可持续性发展，树立节约资源的理念，合理利用走廊带资源，落实严格的耕地保护制度，尽量少占基本农田，从环保角度出发，减少砍伐林木；加强临时用地的复耕工程，减少耕地及水土流失。

公路设计阶段强化专项设计，尽量减少高填深挖施工，采取桥梁、隧道等替代方案，合理采用低路堤、缓边坡、生态边沟、隧道零仰坡进洞等生态设计理念。

施工阶段强化施工管理，开展施工期环境监理，合理设置污染物处理设施，确保施工废水、废气和噪声污染得到有效控制。对穿越或邻近自然保护区或重要湿地的道路，开展动物通道建设、水系连通改造等工程；结合边坡所处地域及气象特点，研发具有区域特点的生态防护技术。

运营阶段开展高速公路服务区污染综合治理，结合地域、民族特色，对有条件的服务区，提升设施的生态景观文化功能；加强公路噪声治理，对声屏障进行隔声效果调查，结合道路养护对超标路段进行降噪处理维护或重建；控制穿越或邻近水源保护区珍稀水生生物栖息地等敏感区段的路（桥）面径流污染，防范交通事故导致油类或危险化学品泄漏造成的环境风险。

养护阶段建立养护管理机制，注重全方位、全寿命的管养措施，科学制定养护决策。同时，积极探索符合区域地理、气候条件的公路养护技术，提高工程耐久性，降低公路养护周期成本，提高公路使用效率。

武易高速公路项目所在区域地处山区，水系发达、土壤肥沃、植被类型多样森林资源丰富。有武定狮子山保护区、易门翠柏自然保护区、易门龙泉保护区，还有响水箐水库、哨箐水库、丰收水库等7个饮用、灌溉水库。鉴于武易项目所处的特殊自然环境和建设条件，项目坚持生态选线，绕避易门翠柏、丰收水库等生态环境敏感区。如图4-65所示。

武易项目全线采取移栽、生态选线、路线优化等措施，保护了 20 000 余棵翠柏（国家二级重点保护植物），大力营造路域碳汇林 344.6 万平方米。推广应用错台竹木梯网格、稳固剂、铁丝等公路生态固坡技术 52 972.28 m²，该项技术为云南省公路开发投资公司（现云南省交通投资建设集团有限公司）2015 年度国家科技进步奖公路生态固坡科技成果，在项目沿线适宜路段推广应用，有效解决砂性土、红层软岩等特殊土边坡抗雨水冲刷的防护问题。

图 4-65　武易高速沿途保护区

公路附属设施运营水资源循环利用，全线服务设施每日消耗水量约 350 t，除生活用水外，其他用水均可采用经处理后的生活污水作为中水回用处理后的污水，可用于冲厕、绿化及景观用水，每年可节约 6.43 万吨新水资源，减排化学需氧量 COD 84.77 t、氨氮 9.76 t，不仅可以消除污染物排放对周边区域的污染，同时节约大量新鲜用水量。

武易高速在百花山隧道出入口、前营停车区、勤丰停车区、易门服务区、易门收费站建设雨水收集系统。雨水收集池全部采用玻璃钢体化处理池，收集的雨水主要用于沿线附属设施中央分隔带等绿化灌溉。

沿线服务区收费站等服务设施全部采用绿色建筑，为保障沿线敏感点声环境质量，在沿线开展噪声防治工程，对沿线水敏感地段采取桥面径流净化等措施。

全线桥梁墩柱施工采用"墩笼架"操作平台及标准化人行爬梯，确保施工人员安全，提高了高空施工安全系数，加快了墩柱钢筋安装速度，且便于拆除。全线桥梁预制场的钢筋加工均采用数控钢筋弯曲机，自动完成定尺弯箍，确保钢筋加工精度。桥梁预制梁场占地面积均在 1.5 万平方米以上，合理规划分区，标准化管控，同时预制场设有检梁台，便于对梁板进行全面仔细检查，梁场养生采用内外箱喷淋系统及蒸汽养生系统，加强梁板养护，有效保证梁板预制质量及进度要求。各工区均按标准化要求建设了混凝土集中拌和站。其中 TJ2-3 工区拌和站占地面积达 4 000 m²，在各拌和站设置了洗车区，对车辆轮胎进行清洗，避免集料二次污染；排污池排放采用沉淀池过滤，减少环境污染。在每棵墩柱顺桥向、每片梁板侧面均设置了检验合格标识。统一标识有墩柱、梁板的位置编号、浇筑（预制）时间、施工单位、监理单位、现场技术负责、现场监理负责、质检负责等信息。预制梁场梁板钢筋安装使用钢筋定位胎架，通过钢筋定位胎架完成梁板钢筋安装，既保证了钢筋骨架施工定位的准确性，又提高了施工效率。全线预制场均采用智能张拉设备，4 台千斤顶同时对称张拉，减少偏心受压对梁板的影响，同时减少张拉循环次数，保证工程质量，提高施工效率。全线桥面混凝土铺装浇筑前使用铣刨机对梁板顶面（含湿接缝）进行铣刨，确保混凝土表面平整，均匀粗糙，纹理清晰层间结合效果好。土建一合同段小型预制构件厂采用工厂化大规模集中预制，成品集中打包叉车运输，体现了现代施工理念。

本项目在施工期间，大力推广隧道弃渣、粉煤灰磷石膏、腐殖土等废料的综合利用，主要采取了以下几种措施：

（1）共利用隧道弃渣 10 万余立方米，主要应用于路基填筑、路基片碎石垫层以及挡墙片石混凝土中，粒径较大岩石用于制作生态砌块、护坡挡土墙以及旱桥锥坡铺砌等。

（2）土建一标、二标在全线部分桥梁桩基、承台、墩柱、盖梁以及涵洞和隧道二衬等混凝土结构中共使用了 69 331.28 t 粉煤灰，减少热电厂用于存放粉煤灰的土地 224.72 m²，保护了大量土地资源。

（3）共利用改良后的固体废物磷石膏 880 t，主要用于施工便道和改线道路、连接线的水稳基层铺筑中，将其再利用，减少堆砌磷石膏占用土地。

（4）全路段共收集腐殖土 60 余吨，通过合理设置堆放场，尽量减少土壤养分流失，并及早用于临时用地恢复和边坡生态恢复中。

3. 科学高效

项目积极开展科技创新，武易指挥部和相关科研单位联合攻关的"公路工程抗震防灾与重载交通技术研究及应用"、"滇中环线高速公路交通安全防护技术提升技术及装备研发"、"高速公路建设环境智能监测及控制关键技术研究"、"高速公路隧道快速无损检测技术研发及工程应用"、"高速公路土石混填及固体废弃材料路用关键技术研究"等共 5 个科技项目成功申报云南省交通运输厅科技项目，"云南高速公路交通安全技术与装备性能提升及应用示范"、"云南高速公路固体废弃材料应用及土石混填关键技术研究"、"高速公路高墩桥梁检测新技术及装置研发与应用"等 3 个科技项目成功申报云南省科学技术厅科技项目。同时，与孙钧院士合作成立院士工作站，联合开展针对软岩大变形隧道的科研攻关，搭建科技创新平台，提升自主创新能力，增强核心竞争力。

4. 景观优美

1）收费站景观优化

武易高速根据当地地域文化打造具有民族文化特征、风格鲜明收费站点。

九厂收费站位于武定县，在设计时充分汲取彝族文化，选用彝族代表性色彩。彝族先民认为"黑"象征黑土，是孕育各种动植物的母体，同时蕴含庄重、肃穆、沉默、成熟、高贵、威严、主体、主宰之意。除黑色外，九厂收费站还采用黄色与红色点缀，"红"象征火，"黄"象征阳光，万物生存之源。同时，在设计上加入"火"元素图案的抽象标志以及牛角图腾元素。

碧城镇历史悠久，文化古迹众多，碧城收费站在设计时吸取彝族古建筑风貌为设计因子，以彝族服饰色彩和纹饰作为局部装饰，将其打造成具有彝族古建筑特色的标志性景观建筑。如图 4-66、4-67 所示。

图 4-66 易门收费站效果图

图 4-67 碧城收费站效果图

　　易门，被称为"中国野生菌之乡"且当地存在多个彝族村落。因此，易门收费站在设计时从菌子、彝族帽檐、易门水城等文化要素中提炼出可视化元素，并将其进行现代化重构。如图 4-68 所示。

图 4-68　易门收费站效果图

2）隧道景观优化

　　武易高速根据隧道所处的地形地貌特点，对隧道结构和洞门采用特色鲜明的当地文化元素，打造文化特色突出、与周围景观协调一致的隧道文化景观。如丰收水库隧道武定端为明洞式隧道，为展示"野生菌之乡"的文化特征，在隧道中央分隔带设置塑石展示隧道名并加以野生菌造型修饰；丰收水库隧道易门端为端墙式隧道，设计时将野生菌生长环境、拾菌子的场景与隧道端墙相结合，并将隧道名展示于端墙，推介易门菌乡文化。如图 4-69、4-70 所示。

图 4-69　丰收水库隧道武定端　　　　　　图 4-70　丰收水库隧道易门端

3）服务区景观优化

　　武易高速仁兴服务区结合地域文化特征，以罗婺彝韵为主题开展文化景观打造。如利用综合楼周围人行活动空间，打造十月历彝族文化主题广场，定期举办民族节庆，如彝族火把节、插画节等，主题广场设计时采用"天圆地方"的空间图式，辅以"十兽"图腾球、四根图腾柱构筑"十月历法"意向，广场地面采用马樱花图案，寓意马樱花传说，图腾柱

143

根据节气变化动态调整装饰物；利用服务区周边自然资源和场内预留区打造文化主题汽车旅馆，缓解旅客旅途的疲惫。如图4-71所示。

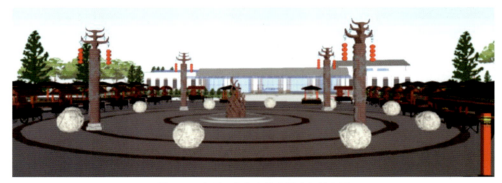

图4-71　十月历彝族文化主题广场效果图

4）停车区景观优化

六街停车区位于易门境内，在设计时采用味性较强的空间表达形式，打造蘑菇乐园；利用停车区左幅A区的自然水域，打造水岸休闲景观，设置钓鱼木平台和水上凉亭，设置木栈道，为驾乘人员提供钓鱼休闲、闲庭散步场所；停车区左幅A区周边存在国家AA级保护植被——翠柏，因此项目在停车区设置景观翠柏纪念雕塑，为驾乘人员科普翠柏知识，增加人员对珍惜植物保护的意识。如图4-72、4-73所示。

图4-72　蘑菇乐园设计效果图

图4-73　六街停车区鱼塘改造设计效果图

4.3.4　建设成效

武易高速公路建设工程 2017 年 1 月 11 日被交通运输部批复为绿色公路建设典型示范工程。作为一条立足于高速公路建设工程的主题性示范项目，其成功经验对云南省乃至全国的公路建设工程在节能减排方面有显著的借鉴作用和示范意义。为建设好武易高速绿色公路，武易高速公路建设指挥部根据立足实际、突出特色、系统设计、科技支撑经济可行的原则，在项目实施过程中重点关注，抢抓落实，构建了一系列管理体系和措施，确保了武易高速建设工程绿色公路示范项目顺利实施，积累了丰富的绿色公路建设经验，形成了一系列绿色公路建设管理文件和指南成果。

（1）武易高速公路建设工程共实施 38 项绿色技术，项目总共节约标准煤 1 438.71 t，减少二氧化碳排放 30 770 t，环境效益显著，为绿色交通建设做出了积极的贡献。

（2）武易高速公路建设工程广泛推广、运用多项新技术措施，并形成了一整套技术成果，可以成为行业或地方标准，指导同类项目应用。通过本项目的实施，培养了一批各条战线上的技术人员，无论从技术水平还是人员培养，都为后期其他项目的开展奠定了良好的基础。

（3）通过中央电视台《新闻联播》、中央电视台《新闻直播间》、《云南新闻》和《云南交通报》等媒体向行业内外宣传武易高速绿色循环低碳试点的成果及所取得的经验，向道路用户宣传绿色低碳理念，更好地起到试点示范作用，有助于实现全行业节能减排、全社会节能减排。

第 5 章　绿色公路评估技术

　　绿色公路评价指标体系是绿色公路建设评价考核的依据，是引领绿色公路发展的风向标，全面指导着绿色公路建设。通过定性和定量分析，构建绿色公路评价指标体系，赋予各指标科学合理的分数，以分级的方式使绿色公路这一抽象、复杂的系统工程可被评价。本章以《绿色交通设施评估技术要求 第 1 部分：绿色公路》（JT/T 1199.1—2018）为参考，浅析现行绿色公路行业标准，明确指标体系构建的原则和要求，深入解析各级指标内涵及计分标准，并依托国内某绿色公路示范工程，给出绿色公路评估案例，以便读者深入了解绿色公路评估技术发展与应用。

5.1　国内外绿色公路评估技术现状

5.1.1　国内外绿色建筑评价体系

1. 国外绿色建筑评价体系

　　1990 年英国建筑研究院提出世界上第一个绿色建筑评价体系《建筑环境评估法》（Building Research Establishment Environmental Assessment Method，BREEAM）。此后，各国相继开展了不同类型的绿色建筑评价体系研究，如美国《能源与环境设计认证》（Leadership in Energy and Environmental Design，LEED，1995），加拿大等国的《绿色建筑工具》（Green Building Toll，GBTool，1996），澳大利亚《国家建筑环境评价系统》（National Australian Building Environmental Rating System，NABERS，2003），日本《建筑物综合环境性能评价体系》（Comprehensive Assessment System for Building Environmental Efficiency，CASBEE，2003）等。各国的绿色建筑评价体系概况如表 5-1。

表 5-1　国外绿色建筑评价体系

评价体系	国家	时间 / 年	数据库	评价对象	权重体系	评价结果
BREEAM	英国	1990	有	新建和既有建筑	二级	4 个等级
LEED	美国	1995	无	新建和既有建筑	一级	4 个等级
GBTool	加拿大等国	1998	共有多国数据库	办公、住宅、学校、工业建筑	四级	5 个等级
NABERS	澳大利亚	2003	无	新建和既有建筑	一级	5 个等级
CASBEE	日本	2003	有	既有住宅、办公建筑	三级	5 个等级

2．国内绿色建筑评价体系

我国的绿色建筑评价体系最早是香港于 1996 年借鉴英国 BREEAM 提出的 HK-BEAM 体系。近年来，我国对绿色建筑体系的研究已经取得一系列成果，如《绿色奥运建筑评估体系》（GOBAS）、《绿色建筑评价标准》（GB/T 50378—2006）、《中新天津生态城绿色建筑评价标准》（SSIE-GES）、《绿色建筑评价标准》（GB/T 50378—2014）等。2019 年，住房和城乡建设部发布《绿色建筑评价标准》（GB/T 50378—2019），批准自 2019 年 8 月 1 日起实施，同时原《绿色建筑评价标准》（GB/T 50378—2014）废除。

《绿色建筑评价标准》（GB/T 50378—2019）将绿色建筑定义为：在全寿命周期内，节约资源、保护环境、减少污染。为人们提供健康、适用、高效的使用空间，最大限度地实现人与自然和谐共生的高质量建筑。

绿色建筑评价指标体系由安全耐久、健康舒适、生活便利、资源节约、环境宜居 5 类指标组成。每类指标均包括控制项和评分项，此外评价体系统一设置加分项。控制项的评定结果为达标或不达标，评分项和加分项的评定结果为分值。绿色建筑评价在建筑工程竣工后进行，在施工图设计完成后可进行预评价。绿色建筑评价总得分按式（5-1）进行计算，其各评价指标分值应符合表 5-2 规定。

$$Q = （Q_0 + Q_1 + Q_2 + Q_3 + Q_4 + Q_5 + Q_A）/10 \qquad （5-1）$$

表 5-2 绿色建筑评价分值

项目	控制项基础分值	评价指标评分项满分值					提高与创新加分项满分值
		安全耐久	健康舒适	生活便利	资源节约	环境宜居	
预评价分值	400	100	100	70	200	100	100
评价分值	400	100	100	100	200	100	100

注：预评价时，本标准 6.2.10、6.2.11、6.2.13、9.2.8 条不得分。

绿色建筑分为基本级、一星级、二星级、三星级 4 个等级。当满足全部控制项要求时，绿色建筑等级应为基本级。一星级、二星级、三星级 3 个等级需符合：（1）满足全部控制项要求且各类指标等分不小于评分项的 30%；（2）进行全装修，其质量、材料符合国家相关标准；（3）满足该标准表 3.2.8 的要求（详见此标准），当总分达到 60 分、75 分、85 分时，绿色建筑等级分别为一星级、二星级、三星级。

5.1.2 国外绿色公路评价体系

1. 美国绿色公路评级系统

2009 年，美国的绿色公路评级系统（The Greenroads Rating System）定义了路面可持续性的属性，建立了路面可持续性水平的量化评价办法。以 Greenroads（v2）评分系统为例，该分级系统对公路工程项目的评价包括 12 条强制性要求、满分 115 分的五大类 45 项评分项、满分 15 分的 4 个自定义加分项，见表 5-3。Greenroads 是评价路面设计和施工过程可持续发展的一种建议标准，在满足全部强制项的前提下，根据评分值的高低确定公路工程项目的绿色等级。

表 5-3　Greenroads（v2）评分系统

编号		评价内容	分值
项目要求（PR）			
PR-1		生态影响分析	—
PR-2		能源与碳足迹	—
PR-3		低影响开发	—
PR-4		社会影响分析	—
PR-5		社区参与	—
PR-6		生命周期成本分析	—
PR-7		质量控制	—
PR-8		污染预防	—
PR-9		废物管理	—
PR-10		噪声和眩光控制	—
PR-11		效用冲突分析	—
PR-12		资产管理	—
评分项			
环境和水（EW，30 分）	EW-1	择优协同	1~3
	EW-2	生态连接	1~3
	EW-3	生境保护	1~3
	EW-4	土地利用增强	1~3

续表

编号		评价内容	分值
环境和水（EW，30分）	EW-5	植被质量	1~3
	EW-6	土壤管理	1~3
	EW-7	节水	1~3
	EW-8	径流控制	1~3
	EW-9	增强型处理：金属	1~3
	EW-10	油和污染物处理	1~3
建筑活动（CA，20分）	CA-1	环境卓越	1~3
	CA-2	工作区健康与安全	1~2
	CA-3	质量流程	1~3
	CA-4	设备燃油效率	1
	CA-5	工作区空气排放	1
	CA-6	工作区用水	2~3
	CA-7	加速建设	1~2
	CA-8	采购诚信	1
	CA-9	通信和外展	1
	CA-10	博览会 - 熟练劳动力	1~2
	CA-11	地方经济发展	1
材料和设计（MD，24分）	MD-1	保存和再利用	1~5
	MD-2	回收和回收内容	1~5
	MD-3	环境产品声明	2
	MD-4	保健产品声明	2
	MD-5	本地材料	1~5
	MD-6	长寿命设计	1~5
公用设施与控制（PT，20分）	UC-1	实用程序升级	1~2
	UC-2	维护和紧急访问	1
	UC-3	电动汽车基础设施	1~3

编号		评价内容	分值
公用设施与控制（PT，20分）	UC-4	能源效率	1~3
	UC-5	替代能源	1~3
	UC-6	照明和控制	1~3
	UC-7	减少交通排放	1~3
	UC-8	旅行时间缩短	1~2
访问和宜居性（AL，21分）	AL-1	安全审计	1~2
	AL-2	安全增强功能	1~2
	AL-3	多式联运连接	1~2
	AL-4	权益和可访问性	1~2
	AL-5	主动运输	1~2
	AL-6	健康影响分析	2
	AL-7	噪声和眩光降低	1~3
	AL-8	文化与娱乐	1~2
	AL-9	考古学与历史	1~2
	AL-10	风景和美学	1~2
加分项（CE）			
创造力与努力（CE，15分）	CE-1	教育团队	1~2
	CE-2	创新理念	1~5
	CE-3	增强性能	1~5
	CE-4	本地价值	1~3
合计分值			130

根据以下标准决定绿色公路的等级：

（1）铜牌绿色公路：达到 12 项项目要求以及 40~49 分自选项得分。

（2）银牌绿色公路：达到 12 项项目要求以及 50~59 分自选项得分。

（3）金牌绿色公路：达到 12 项项目要求以及 60~79 分自选项得分。

（4）常绿绿色公路：达到 12 项项目要求以及 80 分及以上自选项得分。

2．美国基础设施可持续性评估系统

美国联邦公路局于 2010 年提出基础设施可持续性评价系统（Infrastructure Voluntary Evaluation Sustainability Tool，INVEST）。该系统从社会、经济、环境三个方面定义了公路的可持续特征，其核心内容和 Greenroads 系统相似。INVEST 与 Greenroads 评价系统最大的区别在于 INVEST 是从路网规划、项目设计施工、项目的运营管理三个环节入手进行评价。INVEST 中系统规划环节设置 16 个评分项、项目实施环节设置 30 个评分项、运营养护环节设置 15 个评分项，见表 5-4~ 表 5-6。

表 5-4　系统规划的评价项目

标准编号和名称	三底线原则		
	环境	社会	经济
SP-1 集成规划：土地占用和经济发展			√
SP-2 集成规划：自然环境	√		
SP-3 集成规划：社会		√	
SP-4 可通达性		√	
SP-5 安全规划		√	√
SP-6 多种运输模式		√	√
SP-7 货运规划			√
SP-8 交通需求管理	√	√	√
SP-9 空气质量	√	√	
SP-10 能量和燃油	√	√	√
SP-11 财政可持续性			√
SP-12 分析方法	√	√	√
SP-13 拥堵管理	√	√	√
SP-14 资产管理和规划的联系	√		√
SP-15 规划和国家环境政策法令（NEPA）的联系	√	√	√
SP-16 基础设施的弹性	√	√	

表 5-5　项目实施的评价项目

标准编号和名称	三底线原则		
	环境	社会	经济
PD-01 费用效益分析	√	√	√
PD-02 公路和交通安全		√	√
PD-03 环境敏感的项目开发	√	√	√
PD-04 生命周期费用分析	√		√
PD-05 货运机动性	√		√
PD-06 教育拓展	√	√	√
PD-07 跟踪环保承诺		√	
PD-08 栖息地恢复	√		
PD-09 洪水	√		
PD-10 生态联结性	√	√	√
PD-11 材料的回收和再利用	√		√
PD-12 开发可再生能源	√		√
PD-13 场地植被	√		
PD-14 人行道	√	√	√
PD-15 自行车道	√	√	√
PD-16 客运公共交通与合乘车车道	√	√	√
PD-17 历史、考古和文化保护		√	
PD-18 风景、自然或休闲品质		√	
PD-19 低排放材料	√	√	√
PD-20 节能照明	√		√
PD-21 系统运营的 ITS	√		√
PD-22 长寿命路面设计	√		√
PD-23 路面材料节能减排	√	√	√
PD-24 承包商质量担保	√		√
PD-25 土石方平衡	√		√
PD-26 施工环境培训	√		

续表

标准编号和名称	三底线原则		
	环境	社会	经济
PD-27 施工设备减排	√	√	
PD-28 施工噪声减少	√	√	
PD-29 施工质量控制计划	√		√
PD-30 施工废物管理	√		√

表 5-6　运营养护的评价项目

标准编号和名称	三底线原则		
	环境	社会	经济
OM-01 可持续性计划	√	√	√
OM-02 环保承诺跟踪系统	√	√	√
OM-03 路面管理系统	√	√	√
OM-04 桥梁管理系统	√	√	√
OM-05 养护管理系统	√	√	√
OM-06 公共基础设施养护	√	√	√
OM-07 路侧和设施养护	√	√	√
OM-08 交通控制基础设施养护	√	√	√
OM-09 雪和冰的控制	√	√	√
OM-10 工作区交通控制	√	√	√
OM-11 交通管理和运营	√	√	√
OM-12 安全管理	√	√	√
OM-13 可再生能源利用	√		√
OM-14 燃油效率	√	√	
OM-15 循环和再利用	√		√

3．加拿大路面可持续性评价系统

加拿大安大略省路面可持续性评价系统（Greenpave）类似于 LEED 的评价系统，该系统从 4 个方面对项目进行评分（总分 32 分），包括路面技术、材料和资源、能源和环境、创新和设计过程，每一大类再进行细分，见表 5-7。

表 5-7　Greenpave 指标体系

编号		评价内容	分值
路面技术（9分）	PT-1	长寿命路面	3
	PT-2	透水路面	2
	PT-3	降噪路面	2
	PT-4	凉爽路面	2
材料和资源（11分）	MR-1	回收内容	5
	MR-2	原状路面结构	2
	MR-3	本地材料	2
	MR-4	施工质量	2
能源和环境（8分）	EA-1	降低能耗	3
	EA-2	温室气体减排	3
	EA-3	路面平整度	1
	EA-4	减少污染	1
创新和设计过程（4分）	I-1	设计创新	2
	I-2	示例性过程	2

根据以下标准决定绿色公路的等级：

（1）铜牌绿色公路：分值大于等于 9 分，小于 12 分。

（2）银牌绿色公路：分值大于等于 12 分，小于 15 分。

（3）金牌绿色公路：分值大于等于 15 分。

（4）延领绿色公路：未来发展阶段。

4．国外其他相关评价工具

Envision：可持续发展评级系统，旨在通过应用更加可持续的技术和方法来提高基础设施的性能和可行性。

CEEQUAL：项目评估手册，用于评估土木工程和公共领域项目的环境和可持续性发展绩效，旨在帮助客户、设计师和承包人在规范、设计和施工过程中，为项目或合同提供改进的可持续发展绩效和战略。

IS：基础设施可持续性评估计划，贯穿于工程的设计、施工和运行的全过程的评价。

评级系统由 6 个部分 15 个内容组成，根据工程得分情况，可评定为 3 个等级：良好、极好、顶尖。

I-LAST：由伊利诺斯州交通运输部设计，包括了规划、设计、环境、水质、交通、照明、材料和创新 8 个评价方面，着重考虑环境影响和管理。

STARS：由波特兰市俄勒冈交通局和圣克鲁斯县区域交通委员会联合设计制定，包括完整的步骤、使用、气候和能源、生态功能、费用影响分析和创新 6 个方面。

BE2ST：由威斯康星大学和再生材料资源中心共同设计制定，包含了社会要求、温室气体排放、能源利用、垃圾减少、水消耗、碳排放、费用节约、生命周期、噪声、有害废物 10 个方面的评价着重强调回收、材料使用和建造，看重高速公路建设过程中的寿命和影响。

5.1.3　国内绿色公路评价体系

1. 行业标准

1）绿色低碳公路建设评价指标体系

交通运输部公路科学研究所受交通运输部委托于 2013 年编制了"绿色低碳公路建设评价指标体系"，见表 5-8。作为评估交通运输节能减排专项资金申请项目的重要依据，该评价体系综合考虑了节能、减排、节水、节地、节材等因素，并从节能评估、绿色低碳水平、管理行为、项目前期、工程实施、其他等 6 个方面对公路项目的绿色低碳水平进行评价。

表 5-8　绿色低碳公路建设评价指标体系

目标层	准则层（指标数量，权重）	指标层	指标数量（权重）
绿色低碳公路	前置条件（3，5）	节能评估与安全生产	3（5）
	绿色低碳水平（6，12）	节能量	3（6）
		减排量	1（2）
		节水量性	1（2）
		节地量	1（2）
	管理行为（14，18）	组织机构建设	2（2）
		制度建设	3（3）
		制度执行与落实	3（3）

目标层	准则层（指标数量，权重）	指标层	指标数量（权重）
绿色低碳公路	管理行为（14，18）	招标	2（2）
		交工验收	1（1）
		交流与培训	2（2）
		宣传	1（5）
	项目前期（3，3）	预可、工可	3（3）
	工程实施（45，60）	设计	26（36）
		施工	6（9）
		运营	8（8）
		养护	5（7）
	其他（1，2）	其他绿色低碳措施	1（2）

2）绿色循环低碳公路考核评价指标体系

2013 年，我国研究制定了《绿色循环低碳公路考核评价指标体系（试行）》，该体系指标主要聚焦公路建设阶段，重点关注节能减排领域。2015 年，在原体系的基础上逐渐丰富，并将关注重点延展至公路运营阶段，形成了《绿色交通示范工程（公路建设）评价指标（征求意见稿）》（表 5-9）和《绿色交通示范工程（公路运营）评价指标（征求意见稿）》（表 5-10）。这两套体系分为强度指标、过程指标和管理指标。其中公路建设阶段包括 13 个指标，公路运营阶段包括 14 个指标。

表 5-9　《绿色交通示范工程（公路建设）评价指标（征求意见稿）》

类别	序号	指标名称
强度指标（15 分）	1	公路建设万元建安费能耗
	2	公路建设万元建安费二氧化碳排放
过程指标（65 分）	3	天然气拌和站数量占比
	4	节能技术应用情况
	5	环保技术应用情况
	6	资源循环利用技术应用情况
	7	面向公路养护的节能减排技术应用情况
	8	面向公路运营的节能减排技术应用情况

续表

类别	序号	指标名称
管理指标 （20 分）	9	节能减排组织领导
	10	节能减排制度建设
	11	节能减排能力建设
	12	节能减排市场机制
	13	节能减排宣传培训

表 5-10　《绿色交通示范工程（公路运营）评价指标（征求意见稿）》

类别	序号	指标名称
强度指标 （15 分）	1	路面养护作业万元建安费能耗
	2	路面养护作业万元建安费二氧化碳排放
过程指标 （65 分）	3	可再生能源用量占比
	4	节能照明灯具数量占比
	5	预防性养护实施情况
	6	节能技术应用情况
	7	环保技术应用情况
	8	公路路面材料循环利用率
	9	公众出行信息服务情况
管理指标 （20 分）	10	节能减排组织领导
	11	节能减排制度建设
	12	节能减排能力建设
	13	节能减排市场机制
	14	节能减排宣传培训

2．地方性标准

1）云南省《绿色公路评价标准》

云南省《绿色公路评价标准》（DB53/T449—2013）是我国第一个有关绿色公路的地方性标准，由云南省云岭高速公路养护绿化工程有限公司与长安大学合作编制。该标准提出的绿色公路评价指标体系由控制项、自选项和加分项三大类组成：控制项为绿色公路项目必须达到的基本指标，共 11 项，分值 30 分；自选项共五大类 26 个指标，共计 90 分，根据道路项目的不同自行选择，每项自选项由其对可持续性影响大小配以一定的分值；加分项总分不得超过 10 分，每项分值不得超过 3 分。在满足所有控制项要求后，按照一定的要求对自选项和加分项进行评分，否则不予评价，并对各项指标的打分结果进行汇总，见表 5-11。绿色公路的评价分为设计阶段的评价和建成后的评价两部分，其最终得分按式（5-2）计算。

$$最终得分 = 设计阶段 \times 0.4 + 建成后 \times 0.6 \qquad （5-2）$$

表 5-11　绿色公路评价指标体系

类别	指标名称	分值	设计阶段得分	建成后得分	最终得分
控制项（全部达到得 30 分）					
基本控制项	环境影响评价	—			
	生命周期评价	—			
	节地评价	—			
	节能评价	—			
	水土保持	—			
	径流水质	—			
特殊控制项	安全评价	—			
	质量控制	—	不做评价		
	施工环境保护	—			
	公路养护	—	不做评价		
	服务	—			
自选项（总计 90 分）					
环境保护与生态修复（17 分）	环境管理体系	4			
	公路绿化	3			
	栖息地保护及恢复	4			
	生态连接	4			
	光污染防治	2	不做评价		

续表

类别	指标名称	分值	设计阶段得分	建成后得分	最终得分
安全性和协调性（16分）	智能交通系统	4			
	景观	4			
	特色与文化	3			
	公路应急处理方案	3	不做评价		
	公路管理系统	2	不做评价		
施工过程管理（18分）	质量管理体系	4			
	绿色意识培训	3	不做评价		
	驻地及场站建设	3			
	过程控制	5			
	现场废弃物无害化处治	3			
材料和资源（20分）	路面的重复利用	5			
	土石方工程	4			
	可循环利用材料	3			
	材料运距	5	不做评价		
	能源效率	3			
路面技术（19分）	长寿命路面	5			
	透水路面	3			
	温拌沥青混合料	3			
	降温路面	4			
	低噪路面	3			
	路面使用性能跟踪	1	不做评价		
加分项（不超过10分）					
加分项	每条分值不得超过3分，总分不得超过10分				
合计总分	≤ 130				

注：① 表中不参与设计阶段评分，建成后评分值即为该指标得分值。

② 加分项包括在公路建设运营过程中采取了创新措施，从而较大地超过了相应技术指标的要求，或者具备本标准尚未包含但能够促进公路可持续发展的指标。

根据自选项和加分项得到的总得分，按照下列标准评定公路相应的绿色等级：

（1）合格绿色公路：获得控制项的基础分30分，加自选项和加分项得分，总分达到60 ~ 69分。

（2）铜牌绿色公路：获得控制项的基础分30分，加自选项和加分项得分，总分达到70 ~ 79分。

（3）银牌绿色公路：获得控制项的基础分30分，加自选项和加分项得分，总分达到80 ~ 89分。

（4）金牌绿色公路：获得控制项的基础分30分，加自选项和加分项得分，总分达到90分以上。

2）江西省《绿色公路建设指南—高速公路 第3册 绿色公路评价标准》

江西省建立了适合当地的《绿色公路建设指南 – 高速公路 第3册 绿色公路评价标准》（DB36/T 535.3—2020）。该绿色公路评价指标体系由资源节约、环境友好、品质建设、安全保障、管理与创新5类一级指标构成，其中环境友好、资源节约、品质建设、安全保障为基础项指标，管理与创新为加分项指标，基础项指标是绿色公路在建设和运营过程中普遍需要达到的指标，加分项指标是为鼓励在绿色公路的建设和运营过程中应用各类创新措施而设立的指标。评价体系分为设计阶段、施工阶段和整体评价阶段3个阶段。其中，整体评价指标体系见表5-12，各一级指标下设若干二级和三级指标。

表5-12　绿色公路整体评价指标体系

一级指标	二级指标	三级指标
资源节约（37分）	节地（4.5分）	土地占用（2.5分）
		土石方填挖（1分）
		临时用地控制（1分）
	节水（3.5分）	排蓄水工程（1.5分）
		污水处理与利用（1分）
		节水措施（1分）
	节材（11分）	工业废弃物材料利用（4分）
		旧路面材料再生（4分）

续表

一级指标	二级指标	三级指标
资源节约（37 分）	节材（11 分）	隧道弃渣利（1.5 分）
		材料存储（0.5 分）
		新型材料（1 分）
	节能（11 分）	混合料节能技术（3 分）
		施工节能措施（3 分）
		节能系统（5 分）
	节省全寿命周期成本的建设技术（7 分）	选线（1.5 分）
		路基（1.5 分）
		路面（2 分）
		桥梁（2 分）
环境友好（33 分）	生态保护（6 分）	动植物保护（3 分）
		生态修复（3 分）
	水土环境（5 分）	水体保护（2.5 分）
		土体保护（2.5 分）
	空气环境（5 分）	气体污染防治（2 分）
		扬尘污染防治（2 分）
		场站设置（1 分）
	声光环境（2 分）	声污染防治（1 分）
		光污染防治（1 分）
	清洁能源利用（10 分）	可再生能源（5 分）
		天然气拌和站（5 分）
	景观优化（5 分）	景观融合（2 分）
		景观展现（2 分）
		景观美化（1 分）
品质建设（22 分）	品质提升（2 分）	长寿命路面（1 分）
		功能型路面（1 分）
	施工标准化（4 分）	工艺标准化（2.5 分）

一级指标	二级指标	三级指标
品质建设（22分）	施工标准化（4分）	工地标准化（1.5分）
	管理信息化（3.5分）	建设管理信息化（2分）
		养护管理信息化（1.5分）
	运营智能化（2.5分）	多元化系统（2分）
		系统维护（0.5分）
	预防性养护（2分）	预防性养护规划（1分）
		预防性养护技术（1分）
	综合服务提升（8分）	信息服务（1分）
		旅游服务功能（2分）
		ETC技术应用拓展（1分）
		加气站和充电桩（2分）
		路侧港湾停车带（1分）
		养护便利化水平（1分）
安全保障（8分）	安全设计（2分）	安全设施布设（1分）
		安全设施维护（1分）
	施工安全（1.5分）	施工作业安全（0.5分）
		施工交通组织（1分）
	运营安全（2.5分）	日常通行管理（1分）
		消防安全管理（0.5分）
		交通应急管理（1分）
	结构安全保障（2分）	路面行驶安全（1分）
		桥隧结构安全（1分）
管理与创新（10分）	管理提升（5分）	战略规划（2分）
		培训宣传（2分）
		QHSE管理体系（1分）
	创新驱动（5分）	建筑信息模型技术（2分）
		运营服务创新（3分）

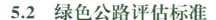

5.2　绿色公路评估标准

绿色公路发展从最初朴素的集约节约思想，发展至逐步重视环境保护、节能减排与可持续发展工作，再到自觉践行资源节约环境友好发展理念，逐步迈入全地域、全领域、全方位、全民行动推进绿色公路发展的新时代。绿色公路的内涵不断延伸，其发展呈现出新趋势、新动向和新特点。因此，在新时代背景下绿色公路评价指标体系应紧跟时代的脚步，从规划、设计、施工、运营、养护、管理全寿命周期统筹考虑，使评价更具针对性和可操作性。

2018 年，交通运输部正式颁布《绿色交通设施评估技术要求 第 1 部分：绿色公路》（JT/T 1199.1—2018），指导交通运输行业向绿色、和谐、健康、可持续的目标发展，也为各地区编制适合当地的绿色公路评价指标体系提供参考。

5.2.1　绿色公路评估原则与要求

1.　评估体系建立原则

评价指标是评价项目的尺度，不同类型的评价项目需要用不同的评价指标来评价，同类项目评价目的不同，所用评价指标也不尽相同。指标评价体系的设计要能够有效地评价公路建设的绿色程度，为了分析影响绿色公路评估体系构建的因素，达到科学性、规范性和可参照性，《绿色交通设施评估技术要求 第 1 部分：绿色公路》（JT/T 1199.1—2018）建立评价指标体系时充分考虑了以下原则。

1）科学性原则

绿色公路评估体系的建立必须建立在一定的科学基础之上，以成熟、可信的理论为指导思想，同时指标的选择、指标权重的确定、数据的选取和综合评价结果的计算与合成必须以公认的科学理论为依据，能够科学地反映出绿色公路规划设计、建设施工运营养护各阶段的预期目标和实际情况。评价体系应能够明确体现绿色公路建设的内涵和特点，包含定性和定量指标，做到宏观和微观相结合。

2）系统性原则

系统性原则也称为综合性原则。绿色公路评价过程中包含着一系列相互依存的影响因素，这些因素中的大部分都具有较强的不确定性，每一个因素都对目标产生一定的影响。因此对绿色公路的评价必须充分考虑这些影响因素，这样才能真正对绿色公路做出更科学、更准确的评估。

3）可操作性原则

涉及绿色公路评估的指标数量众多，但精确的量化不等于准确的评价。对于绿色公路

的综合评价，应选取尽量少的典型指标，反映最主要和最全面的信息，每项指标应具有独立性、可量化性和通用性，力求使指标体系相对简洁易用。此外，对绿色公路综合评价的意义在于分析现状和预测未来，认清所处阶段和发展中存在的问题，更好地指导以后绿色公路建设的实际工作。

4）独立性原则

评价的指标体系是由一组相互间有着紧密联系的指标结合而成的。体系内的各条指标必须是相互独立的，同一类指标中的具体指标应避免重复，不同类指标间的具体指标应相互独立。

5）可比性原则

指标的可比性即指标必须反映被评价对象共同的属性。这种属性的一致性是可比性的前提，也是可比性的基础。此外，评价指标体系的设置要尽可能采用相对指标，以便于对其他绿色公路进行比较，还应考虑到要易于与国内外的类似指标体系相比较。

2．评估体系基本要求

为保证公路建设与自然环境的有机融合，节约资源、强化资源利用效率，推动公路工程建设中节能环保技术的应用，促进公路提供品质精良的多元化服务环境，创建绿色公路交通体系，绿色公路评估体系应达到以下4个方面的基本要求。

1）注重公路的整体寿命周期

从公路设计到公路施工、投入使用、公路改造，这些内容共同形成公路的全寿命周期。从公路建设材料角度出发，公路的全寿命周期包括了公路原材料的开发、运输、加工，以及公路废弃拆除后公路垃圾的收集、回收和处理等内容。故对公路全寿命周期的关注，不但需要考虑到公路施工和使用的环境要素，而且还要充分控制和降低公路施工过程中对周围环境的影响，同时还包含公路废弃以及拆除过程当中对周围环境造成的各类消极影响的降低。

2）最大限度保护生态环境

绿色公路评估体系应以减少环境污染、保护自然生态环境为出发点，最大限度地保护土壤、水资源、大气等自然环境，尽量减少公路对其污染，从而保持公路自然景观的完整性；另外，绿色公路评估过程中还要考虑到公路施工环境的气候特点、规模等和周围环境之间关系的协调性，尽可能地构建小型自然生态系统，并维持好植物种类的多样性，从而控制和降低对周围自然环境的消极影响，减少对周围自然生态环境的损害。

3）提升对自然资源的利用效率，减少不可再生资源的消耗

绿色公路评估体系的建立应可提升对自然资源的利用效率，减少不可再生资源的消耗。如首先应尽量降低对各类自然资源的耗费，从而提升对资源以及公路原材料的利用效率；

合理选线以减少公路的建设用地，采用节水措施并收集、净化雨水以减少水资源的消耗；选择可循环材料并合理利用当地建材以减少原材料耗用。其次，应当尽量选取最为合理的施工技术、施工材料、产品，从而对各类资源进行充分优化。最后，应采取各类措施，使得公路能够与周围环境发展相符，以此来延长公路的使用年限。

4）建立安全、舒适的公路环境

绿色公路评估体系的建立应充分考虑到通行车辆的各类需求，从而营造出安全、舒适的公路环境。这主要包含对公路环境的环境质量的提升以及对环境污染的控制和降低，从而全面提高车辆在公路环境中的通行水平。

5.2.2　绿色公路评估指标体系构建

1. 评估指标体系

绿色公路评估指标体系由 7 类一级指标、22 个二级指标以及 58 个三级指标构成。一级指标包括：绿色理念、生态环保、资源节约、节能低碳、品质建设、安全智慧和服务提升，各一级指标下设若干二级和三级指标，见表 5-13。

表 5-13　绿色公路指标体系

一级指标	二级指标	三级指标
绿色理念	战略	战略规划
		专项资金
	文化	培训
		宣传活动
生态环保	生态保护	生物及其栖息地/生境保护
		生态修复
		植被恢复效果
	水土环境保护	水体保护
		土体保护
	空气环境保护	污染气体排放控制
		扬尘控制
		场站布置

绿色公路概论

一级指标	二级指标	三级指标
生态环保	声光环境保护	声污染防治
		光污染防治
资源节约	土地资源节约、集约节约	土地占用
		土石方填挖
		临时用地控制
	水资源节约、集约节约	排蓄水工程
		污水处理与利用
		节水措施
	节材与材料循环利用	可循环材料利用
		旧路面材料再生
		隧道弃渣利用
		材料储存
		新型材料
节能低碳	能源节约利用	混合料节能技术
		施工节能措施
		节能系统
	清洁能源使用	可再生能源
		天然气拌和站
品质建设	品质提升	长寿命路面
		功能型路面
		精品桥、隧
	施工标准化	工艺标准化
		工地标准化
	管理信息化	建设管理信息化
		养护管理信息化

续表

一级指标	二级指标	三级指标
品质建设	预防性养护	预防性养护规划
		预防性养护技术
	建设管理新技术	建筑信息模型技术
		HSE 管理体系
安全智慧	智慧交通系统	多元化系统
		系统维护
	安全设施	安全设施布设
		安全设施维护
	交通组织	施工交通组织
		日常通行管理
		交通应急管理
服务提升	人性化服务	信息服务
		旅游服务功能
		ETC 技术应用拓展
		公众满意度
	绿色公路设施	加气站和充电桩
		慢性交通
		路侧港湾停车带
	景观优化	景观融合
		景观展现
		景观美化

2．评估指标内容解析及计分标准

1）绿色理念

绿色理念涉及绿色公路发展的指导思想，主要对公路发展战略和文化两部分内容进行评估，指明了基于绿色发展理念的公路建设思路，为绿色公路的顺利建设奠定基础。

（1）战　略

① 战略规划

绿色公路建设应按照系统论和周期成本思想制定战略计划，统筹兼顾公路规划设计、施工建设和运营养护全过程，为绿色公路在不同阶段的发展提供前瞻性指导。同时指导意见中也明确提出要打造绿色公路示范工程，以绿色公路建设专项行动为依托，继续推进试点示范，打造公路建设新亮点，以点带面，实现全行业绿色公路快速发展。

绿色公路是可持续发展的低碳环保公路，环境保护与资源节约集约利用始终是公路建设的两大主题，故实施环境影响评价、项目节能评估和环保后评估是必要的战略计划。《绿色循环低碳交通运输省份、城市、公路、港口考核评价指标体系》（交节中心发〔2013〕28 号）中已明确将节能减排管理体系及考核机制作为绿色公路的评价内容。

② 专项资金

充裕固定的年度经费投入是保障绿色公路稳步发展的有利支撑，同时在《关于实施绿色公路建设的指导意见》（交办公路〔2016〕93 号）中也指出鼓励代建制、设计施工总承包等管理模式的创新与应用，营造绿色公路建设市场发展环境。因此在推进绿色公路的建设过程中应充分利用市场和社会力量，拓宽绿色公路融资渠道，推进 PPP 发展模式在公路行业的应用。

（2）文　化

① 培　训

《关于实施绿色公路建设的指导意见》（交办公路〔2016〕93 号）中指出应组织开展绿色公路建设专项技术咨询，及时总结经验，以点带面，实现全行业绿色公路快速发展。同时，公路建设者是绿色公路发展计划的直接执行者，其行为决定了绿色公路建设的实际成效，因此也应积极进行绿色公路培训教育。

② 宣传活动

宣传推广是推动行业内绿色公路发展的重要手段，通过开展绿色公路系列宣传活动，加大绿色公路建设理念的宣传力度，能够有效推广经验、宣传成果、统一思想、形成共识，以促进绿色公路建设深入人心。宣传推广特指开展绿色公路宣传活动，在政府交通网站开辟宣传专栏，组织绿色设计、绿色施工及绿色养护技术等专题交流会。

"绿色理念"指标计分标准见表 5-14。

表 5-14　"绿色理念"指标计分标准

一级指标	二级指标	三级指标	计分标准
绿色理念 （8分）	战略 （5.5分）	战略规划 （4分）	① 实施绿色公路发展计划，基于系统论原理和周期成本思想制定绿色设计、施工和养护计划，得 0.5 分。 ② 确立为省部级绿色公路示范工程，得 1.5 分。 ③ 实施环境影响评价、项目节能评估和环境影响后评价，得 1 分。 ④ 建立节能减排管理体系及考核机制，得 1 分
		专项资金 （1.5分）	① 有固定的年度经费用于开展绿色公路发展工作，得 1 分。 ② 推进 PPP 发展模式，拓宽绿色公路融资渠道，有市场和社会资金注入，得 0.5 分
	文化 （2.5分）	培训 （2分）	① 组织开展绿色公路专项技术咨询，得 1.5 分。 ② 开展绿色公路培训教育活动，包括绿色设计、绿色施工和绿色养护培训教育等，得 0.5 分
		宣传活动 （0.5分）	开展绿色公路宣传活动,在政府交通网站开辟宣传专栏,组织绿色设计、绿色施工及绿色养护技术等专题交流会，得 0.5 分

2）生态环保

生态环保涉及绿色公路发展对自然环境的影响，主要对生态保护、水土、空气及声光环境保护等内容进行评估，有利于减少公路施工建设对自然环境的影响程度，实现与自然环境的和谐发展。

（1）生态保护

① 生物及其栖息地 / 生境保护

绿色公路建设应以不破坏或最大程度保护沿线生态环境为基本目标，做好生物及其栖息地 / 生境保护是绿色公路建设的基本要求，而生态选线、绿化种植和动物通道设置直接影响生物及其栖境的保护效果，《公路路线设计规范》（JTG D20）和《公路环境保护设计规范》（JTG B04）等规范是此项评估指标的依据。

② 生态修复

生态修复是指利用生态系统的自我恢复能力，辅以人工措施，使遭到破坏的生态系统逐步恢复或使得生态系统向良性循环方向发展。其中修复区域面积是衡量自然环境修复行为较为直观的指标，工程生态环境影响区域参照《公路建设项目环境影响评价规范》（JTG B03）中 6.1.2 和 6.1.3 条执行，其中修复区域面积应不小于工程生态环境影响区域

面积的指标参考了云南地标《绿色公路评价标准》（DB53/T）中 5.3.1.3 条的相关要求。

公路边坡防护可大大改善公路建设对沿线自然景观、生态环境造成的影响，故根据《公路环境保护设计规范》（JTG B04）中 7.2.7 条提出边坡防护评估要求。

施工现场及驻地产生的废弃物（生活垃圾、办公耗材、排泄物等）应进行无害化处理，以保证自然生态不受破坏，此评估要求参照《建设工程施工现场环境与卫生标准》（JGJ 146）和云南地标《绿色公路评价标准》（DB53/T）5.3.3.5 条中的相关规定。

③ 植被恢复效果

植被恢复效果是公路沿线生态恢复程度的直观体现，不同区域的绿化成活率是依据《公路养护技术规范》（JTG H10）中 10.1.3 条提出的。

（2）水土环境保护

① 水体保护

公路沿线分布有丰富的地表水资源，大至江、河、湖泊，小至水库、池塘都是非常宝贵的淡水资源，其中还不乏有用于饮用、养殖的敏感水体，而公路的建养管过程均会对其产生直接影响，故应采用保护水体的施工及管理技术，并对施工污废水进行合理处置，以保护自然水体不受污染破坏。例如：采用优化布线的方法保护水系联通，避开对水系的开挖扰动，无法避免时则采取最优的改河设计；沿河布线时采取先进的施工技术，避免开挖土石方进入水体；跨越敏感水体时桥梁基础应因地制宜采用沉入桩、灌注桩、沉井等桩基形式等。

水源保护区是国家为对某些特别重要的水体加以保护而划定的区域，《公路环境保护设计规范》（JTG B04）中 6.4.2 条指出水源保护区内不得设置沥青混合料及混凝土搅拌站，不得堆放或倾倒任何含有有害物质的材料或废弃物，路面径流排入饮用水源保护区时应设置沉淀池处理；6.4.5 条提出隧道施工排水、混凝土搅拌站排水及桥梁基础施工中的泥浆等施工废水应经过处理后排放，而混凝土搅拌站排水、隧道施工排水、桥梁基础施工泥浆水等一般较为混浊，故针对此类排水应设置沉淀池进行处理，同时《关于实施绿色公路建设的指导意见》（交办公路〔2016〕93 号）中也指出应强化穿越敏感水体路段的径流收集与处置。

② 土体保护

公路工程施工建设过程中会形成大量裸露土体，破坏了既有植被，通过生态绿化防护工程制定永久性和临时性防护措施有利于土体保护，当生态绿化防护措施无法起到防护效果时可使用成品防护物（塑料薄膜、草席等）覆盖地表进行临时性防护。同时依据《公路环境保护设计规范》（JTG B04）8.2.2 条提出取弃土场绿化或复耕措施的评估要求。

传统型氯盐融雪剂具有极大的腐蚀性，极易造成土地盐渍化，导致绿化植被大量死亡，同时还会对桥梁、管线等一系列设施造成腐蚀破坏，故提出采用环保型除雪技术代替氯盐融雪剂。

（3）空气环境保护

① 污染气体排放控制

公路建设是污染气体排放大户，沥青混合料拌和、铺筑过程中会释放大量沥青烟、碳氧化合物、硫氧化合物等污染气体，而采用温拌沥青混合料、热拌减排沥青混合料等减排技术，可有效降低此类污染气体的排放量，同时施工机械、拌和楼等的尾气排放也极大地影响着空气环境，《非道路移动机械用柴油机排气污染物排放限值及测试方法（中国三、四阶段）》（GB 20891—2014）中明确了道路施工机械排气污染物排放的要求。

热拌减排沥青混合料是指在基本不影响或改善混合料性能的前提下，通过掺加一定量具有特殊性能的改性剂，制备的具有减少大气污染物排放效果的热拌沥青混合料。

② 扬尘控制

公路建设需要使用大量粉体筑路材料，其在存储、运输、堆放及施工等方面存在极大的扬尘污染隐患，故有必要针对粉体材料制定防风抑尘措施以控制扬尘污染，同时现场搅拌混凝土时将产生大量扬尘污染且质量无法完全保证，故而将现浇混凝土及建筑砂浆必须采用预拌混凝土及预拌砂浆作为评估要求。

③ 场站布置

搅拌场（站）、拌和站、发电站和堆料场等设施的使用贯穿于整个公路施工建设阶段，是影响空气环境的关键因素，故其场地位置的合理布置显得尤为重要，需综合考虑当地施工季节最小频率风向、距敏感区距离等因素的影响，场站布置以《公路环境保护设计规范》（JTG B04）6.3.2 条为依据。

堆料场有造成空气环境污染的可能性，其布置位置的选择对敏感区环境存在潜在危害，故本条文选择对堆料场的建设位置进行单独评估，而"资源节约"一级指标下设的三级指标"材料存储"是从筑路材料的存储方式出发对堆料场进行评估的，若没有合适的材料棚库用于存储筑路材料，则在风、雨、雪等天气下极易造成筑路材料的流失与破坏，从而造成材料资源的浪费，其评估对象为材料资源的保护情况。两个指标的评估侧重点不同，故在本标准中分别给出了评估标准。

（4）声光环境保护

① 声污染防治

公路施工机械多属于强噪声辐射类机械，如何合理组织其施工方式和时间，是加强公路沿线声环境保护的重点，可参照《建筑施工场界环境噪声排放标准》（GB 12523）对施工建设过程中的噪声排放进行评估。

绿色公路概论

《公路建设项目环境影响评价规范》（JTG B03）8.1.5 条规定了应对公路中心线两侧各 200 m 范围内进行噪声环境评估，《声环境质量标准》（GB 3096）中 4、5 条给出了相关评估要求。

② 光污染防治

干扰光或过量光辐射会对人、生态环境和天文观测等造成负面影响，故结合国家相关政策，并参考《公路照明技术条件》（GB/T 24969）和《室外作业场地照明设计标准》（GB 50582）中照明设施设计的相关规定提出光污染防治的评价要求。

"生态环保"指标计分标准见表 5-15。

表 5-15　"生态环保"指标计分标准

一级指标	二级指标	三级指标	计分标准
生态环保（15分）	生态保护（4.5分）	生物及其栖息地 / 生境保护（1.5分）	① 公路选线避绕自然保护区、连片分布的野生动物栖息地、重要湿地等生态敏感区，无法避绕时必须出具生态保护方案，得 0.5 分。 ② 因地制宜选择绿化物种，多种植易生长、抗逆性强的本地优势物种，外地物种的引入应出具论证方案，得 0.5 分。 ③ 野生动物出没路段应设置预告、禁止鸣笛等标志，设置符合动物生态习性的通道，得 0.5 分
		生态修复（2分）	① 对工程生态环境影响区域制定专门的生态修复方案，修复区域面积应不小于工程生态环境影响区域面积，生态环境影响区域范围按照 JTG B03 执行，得 0.5 分。 ② 挡墙、浆砌护坡、石质边坡等防护工程在下部栽植植物或在顶部栽植垂枝藤本植物，得 0.5 分。 ③ 施工现场应符合 JGJ 146 的规定，对施工现场及驻地产生的废弃物进行无害化处理，处理率应达到 100%，得 0.5 分。 ④ 将公路沿线绿化工程、动物通道等列入日常养护计划中，具有完善的养护方案，得 0.5 分
		植被恢复效果（1分）	① 边坡及隧道洞口等均有绿化覆盖、无光秃裸露现象，得 0.5 分。 ② 平原区绿化栽植成活率 ≥95%，山区绿化栽植成活率 ≥90%，寒冷草原区及沙、碱、干旱区绿化栽植成活率 ≥80%，得 0.5 分
	水土环境保护（3.5分）	水体保护（2分）	① 采用保护水体的施工及管理技术，施工污废水具有合理的处理措施，得 0.5 分。 ② 跨越敏感水体的桥梁基础应因地制宜采用沉入桩、灌注桩、沉井等桩基形式，得 0.5 分

174

续表

一级指标	二级指标	三级指标	计分标准
生态环保 （15 分）	水土环境 保护 （3.5 分）		③ 水源保护区内部无沥青混合料及混凝土搅拌站，不堆放或倾倒任何含有有害物质的材料或废弃物，得 0.5 分。 ④ 设置沉淀池对混凝土搅拌站排水、隧道施工排水、桥梁基础施工泥浆水及临近敏感水体的路面径流等进行处理，得 0.5 分
		土体保护 （1.5 分）	① 针对裸露地表制定永久性和临时性防护工程措施，得 0.5 分。 ② 取弃土场根据原占地类型采取绿化工程或复耕措施，临近水域的弃渣场设置有效的拦挡措施，得 0.5 分。 ③ 冬季除冰雪采用环境友好型融雪剂、微波除雪等环保技术代替传统氯盐型融雪剂，得 0.5 分
	空气环境 保护 （5 分）	污染气体 排放控制 （2 分）	① 采用温拌沥青混合料、热拌减排沥青混合料等减排技术，降低沥青烟、硫氧化合物等有毒气体的排放量，得 1 分。 ② 施工机械、拌和楼等尾气排放均应达标，符合 GB 20891 的要求，得 1 分
		扬尘控制 （2 分）	① 石灰、粉煤灰等粉体材料封闭存储，运输时采取遮盖、袋装、洒水等防风抑尘措施，得 1 分。 ② 现浇混凝土及建筑砂浆必须采用预拌混凝土及预拌砂浆，施工现场、料场及施工便道应适时洒水降尘，得 1 分
		场站布置 （1 分）	① 有污染气体排放的拌和站、发电站、堆料场等设施应设立在施工季节中敏感区主导风向的下风侧，得 0.5 分。 ② 搅拌场（站）距居民区等敏感区的距离不小于 300 m，沥青混合料拌和站距敏感区的距离不小于 200 m，得 0.5 分
	声光环境 保护 （2 分）	声污染 防治 （1 分）	① 施工期间合理组织安排强噪声辐射机械的施工时间、施工方式，得 0.5 分。 ② 公路中心线两侧各 200 m 范围内的居民区、学校、医院等噪声敏感点噪声满足 GB 3096 的要求，得 0.5 分
		光污染 防治 （1 分）	① 夜间施工照明应控制照度并加设灯罩，控制射向夜空和公路界外的照明光束，透光方向集中在施工范围，得 0.5 分。 ② 因地制宜控制照明设施的照度，不干扰道路沿线生态环境及居民正常生活，得 0.5 分

3）资源节约

资源节约涉及绿色公路发展对自然资源的占用情况，主要对土地、水和材料资源的节约利用情况进行评估，规范了公路建设对土地、水和材料资源的利用合理性，有助于减少公路建设中的资源浪费，提高资源使用效率。

（1）土地资源节约、集约利用

① 土地占用

公路工程施工建设对土地资源需求量较大，而当前土地资源日趋紧张，故公路工程在建设过程应节约、集约利用土地资源，减少对土地资源的不必要占用。《关于实施绿色公路建设的指导意见》（交办公路〔2016〕93号）中第1条明确提出要统筹利用运输通道资源，鼓励公路与铁路、高速公路与普通公路共用线位，改扩建公路要充分发挥原通道资源作用，安全利用原有设施。同时，指导意见中第2条也指出公路应科学选线、布线，避让基本农田，禁止耕地超占，减少土地分割。积极推进取土、弃土与改地、造地、复垦综合施措，高效利用沿线土地。因地制宜采用低路堤和浅路堑方案，保护土地资源。在进行此项评估时，申请评估方应提交工程施工记录、环境监理报告及相关工程计量报告等作为评估依据。

② 土石方填挖

公路纵坡设计时应考虑土石方的填挖平衡，充分利用挖方就近作为填方，最大程度避免路基的高填、深挖，尽量做到填挖平衡，同时公路施工建设时应做好开挖土的管理工作，充分利用开挖的原土，减少对外来土方资源的需求量。

③ 临时用地控制

公路施工建设过程中需临时借用大量土地资源，占用期间不可避免地对原有土地功能造成一定程度破坏，故临时用地选址时应尽量选择荒地、废弃地或是服务区等永久性征地，做好永、临结合。所谓永、临结合，是指在服务区规划用地等永久性征地上建设临时设施，则施工完成后不会影响土地的使用功能。《公路环境保护设计规范》（JTG B04）8.2.8条对临时用地借用结束后的处置方式作了相关规定。

（2）水资源节约、集约利用

《关于实施绿色公路建设的指导意见》（交办公路〔2016〕93号）中明确指出要增强公路排水系统对路面和桥面径流的消纳与净化功能，完善施工现场和驻地的污水垃圾收集处理措施，全面推进沿线附属设施污水处理和利用，故为节约、集约利用水资源，减少公路施工水资源消耗，促进公路水资源循环，提出以排蓄水工程、污水处理与利用和节水措施作为评估公路水资源节约、集约利用的指标。

（3）节材与材料循环利用

① 可循环材料

《关于实施绿色公路建设的指导意见》（交办公路〔2016〕93号）指出要推广粉煤灰、煤矸石、矿渣、废旧轮胎等工业废料的综合利用，开展建筑垃圾的无害化处理与利用，故本项依据《绿色循环低碳交通运输省份、城市、公路、港口考核评价指标体系》（交节中心发〔2013〕28号）提出了公路建设或改扩建过程中可循环材料使用率的计算方法，并将其分为优［60%，100%）、良［50%，60%）、中［40%，50%）、次［30%，40%）、差［20%，30%）五个等级。计算公式如式（5-3）所示。

$$可循环材料使用率 = \frac{全部可循环材料总重量}{全部同类用途材料总重量} \times 100\% \qquad (5\text{-}3)$$

② 旧路面材料再生

公路改扩建时大量旧路面面临拆除处置，若采用一定技术实现旧路面材料（沥青路面再生、水泥路面碎石化再利用等）的再生利用，则将在有效处理施工废弃物的同时，节约大量筑路材料，有利于材料资源的节约利用，故本项结合《关于实施绿色公路建设的指导意见》（交办公路〔2016〕93号）中大力推行废旧材料再生循环利用的要求，并依据《绿色循环低碳交通运输省份、城市、公路、港口考核评价指标体系》（交节中心发〔2013〕28号）提出了旧路面材料再生利用率计算方法，并将其分为优［90%，100%）、良［80%，95%）、中［65%，80%）、次［50%，65%）、差［50%，0）五个等级。计算公式如式（5-4）所示。

$$旧路面材料再生利用率 = \frac{旧路面材料再生利用量}{旧路面材料总量} \times 100\% \qquad (5\text{-}4)$$

③ 隧道弃渣利用

隧道工程建设时将产生大量弃渣，在满足集料性能要求的前提下，应最大程度利用隧道弃渣作为筑路材料，依据《绿色交通示范工程（公路建设）评价指标》（交节中心发〔2014〕）将隧道弃渣综合利用率分为一级［80%，100%）、二级［60%，80%）、三级［40%，60%）、四级［0，40%）四个等级。当体系内无法充分利用时，体系外利用亦符合要求。

④ 新型材料

在技术经济论证可行的前提下，采用能够提高长期使用性能或能够有效节约材料的新型材料，进而有效降低公路的生命周期成本。聚合物水泥混凝土是在普通水泥混凝土拌和物中加入一种聚合物，以聚合物与水泥共同作胶结料黏结骨料配制而成，其有效提高了普通混凝土的密实度和强度，且显著地增加抗拉、抗弯强度，有利于降低公路的生命周期成本；高强轻质混凝土具有密度小、强度高、耐久性好、施工速度快等优点，能够有效降低结构自重，尤其在软土地基上建造公路桥梁具备显著优势；生物沥青是指以林业资源、城市垃圾以及动物排泄物等经过液化以及分离制备的沥青类材料，其具有来

源广泛、成本低廉、绿色无污染以及可再生的特点，可有效促进材料的循环利用并减少对传统沥青材料的依赖程度。

"资源节约"指标计分标准见表 5-16。

表 5-16　"资源节约"指标计分标准

一级指标	二级指标	三级指标	计分标准
资源节约（20分）	土地资源节约、集约利用（5分）	土地占用（3分）	① 统筹利用通道资源，得 0.5 分。 ② 充分利用荒地、废弃地、劣质地布线，避让基本农田、减少沿线居民拆迁安置量，无耕地超占现象，得 0.5 分。 ③ 公路施工中收集保存表土资源。 ④ 共沟架设通信、供电、监控系统等的管线电缆，并布置在公路用地范围内，得 0.5 分。用于造地复耕，得 0.5 分。 ⑤ 因地制宜采用低路堤和浅路堑方案，得 0.5 分。 ⑥ 制定高填路堤与桥梁、深挖路堑与隧道或分离式路基等的论证比选方案，得 0.5 分
		土石方填挖（1分）	① 纵断面设计均衡，尽量做到填挖平衡，得 0.5 分。 ② 公路用土分类开挖、分类使用，利用开挖的原土回填路基，得 0.5 分
		临时用地控制（1分）	① 严格控制施工临时用地范围边界，利用荒地、废弃地或服务区等永久性征地作为施工临时用地，得 0.5 分。 ② 临时用地借用结束后恢复其原有功能，临时设施拆除后，原农业用地必须复耕，复耕率应达到100%，得 0.5 分
	水资源节约、集约利用（3分）	排蓄水工程（1.5分）	① 排、蓄水工程一体设计，配备蓄水设施收集路面径流，得 1 分。 ② 排水工程与天然水系相协调，得 0.5 分
		污水处理与利用（1分）	① 公路施工时配有污水处理设施，对施工废水、生活污水进行二次利用，得 0.5 分。 ② 公路清洗作业优先采用再生水，并依据路面尘土量、天气情况（温度、湿度、风力）等合理确定清洗用水量，得 0.5 分
		节水措施（0.5分）	施工机具、生活用水设施等采用节水技术或措施，无漏水现象，得 0.5 分
	节材与材料循环利用（12分）	可循环材料利用（5分）	采用粉煤灰、煤矸石、矿渣及废旧轮胎等工业废料或建筑垃圾等替代一部分筑路材料，总分 5 分。根据 RMU 的值进行积分，RMU 按照下式计算： $$RMU = \frac{m_r}{m} \times 100\%$$

续表

一级指标	二级指标	三级指标	计分标准
资源 节约 （20分）	节材与 材料循环 利用 （12分）		式中　RMU——可循环材料使用率； 　　　　m_r——全部可循环材料总量（kg）； 　　　　m——全部同类用途材料总质量（kg）。 具体计分规则如下： （a）60%（含）以上，得5分； （b）50%（含）～60%之间，得4分； （c）40%（含）～50%之间，得3分； （d）30%（含）～40%之间，得2分； （e）20%（含）～30%之间，得1分； （f）20%以下，不得分
		旧路面 材料再生 （4分）	对旧路面材料进行再生利用，如沥青路面再生、水泥路面碎石化再利用等，按利用率不同划分为5个等级，总分4分。根据ROP的值进行积分，ROP按照下式计算： $$ROP = \frac{m_0}{m_a} \times 100\%$$ 式中　ROP——可循环材料使用率； 　　　　m_0——旧路面材料再生利用质量（kg）； 　　　　m_a——旧路面材料总质量（kg）。 具体计分规则如下： （a）95%（含）以上，得4分； （b）80%（含）～95%之间，得3分； （c）65%（含）～80%之间，得2分； （d）50%（含）～65%之间，得1分； （e）50%以下，不得分
		隧道弃渣 利用 （1.5分）	隧道弃渣综合利用率达80%（含）以上，得1.5分；60%（含）～80%间，得1分；40%（含）～60%间，得0.5分；在40%以下，不得分
		材料存储 （0.5分）	搭建专用材料棚库用于存放水泥、沥青、细砂石料等筑路材料，得0.5分
		新型材料 （1分）	用新型材料，如聚合物水泥混凝土、高强轻质混凝土、生物沥青等，得1分

4）节能低碳

　　节能低碳涉及绿色公路发展对能源消耗和碳排放的控制情况，主要对能源节约利用、清洁能源利用进行评估，能够科学指导能源节约、集约利用，减少二氧化碳排放，推广节能减排新技术的应用。

（1）能源节约利用

① 混合料节能技术

沥青路面已发展成为公路路面建设的主流形式，但传统热拌沥青混合料在拌和、摊铺施工过程中能耗量巨大，而在公路建设中采用温拌沥青混合料，在路面修补等小规模作业中采用冷拌冷铺沥青混合料、自黏式沥青路面贴缝带等节能型材料或工艺，可在有效保证路用性能的同时大幅降低能源消耗。温拌沥青路面占比是依据《绿色循环低碳交通运输省份、城市、公路、港口考核评价指标体系》（交节中心发〔2013〕28号）提出的。

② 施工节能措施

变频技术能够通过改变电源的供电频率达到控制设备输出功率的目的，由于当电机不能在满负荷下或者在变工况下运行时，除达到动力驱动要求外，多余的力矩增加了有功功率的消耗，造成电能的浪费，若采用了变频技术的设备则可以根据实际负载情况通过改变电机的速度来调节电机输出功率与之匹配，从而有效减少电能的浪费。

传统的施工区的柴油发电，燃料价格较贵、电能成本高、原料利用率低，且柴油发电机组工作时燃料燃烧会释放污染气体影响周边环境，采用集中供电的方式不仅可节约能源，亦可避免污染大气环境。

③ 节能系统

供配电系统节能技术、公路照明智能控制系统、LED新型节能灯、节能情报板、隧道通风智能控制系统等已在实践中证明具有良好的节能效果，同时《关于实施绿色公路建设的指导意见》（交办公路〔2016〕93号）中也明确提出要鼓励此类节能系统的推广应用，故在此提出相关评价要求。

（2）清洁能源利用

① 可再生能源

可再生能源主要包括太阳能、风能、地热能等，是一种取之不尽、用之不竭的能源，具有清洁无污染、资源分布广泛、适宜就地开发利用等优点，在传统石化能源日益枯竭的严峻形势下开发应用具有重要的现实意义，《关于实施绿色公路建设的指导意见》（交办公路〔2016〕93号）中也明确提出了要因地制宜推广太阳能、风能、地热能、天然气等清洁能源应用。

由于目前公路照明设备中使用可再生能源供电的技术已经相对成熟且应用较为广泛，故依据《绿色循环低碳交通运输省份、城市、公路、港口考核评价指标体系》（交节中心发〔2013〕28号）提出了采用可再生绿色能源供电的公路照明设备占比的评价要求。

② 天然气拌和站

拌和站采用不同能源作为燃料，其能源利用效率、污染气体排放情况不同。天然气作为一种洁净环保的优质能源，与传统能源相比，热值高，几乎不含硫、粉尘和其他有害物质，燃烧时产生二氧化碳和其他有害气体远少于传统化石燃料，造成的温室效应较低，能从根本上改善环境质量；煤转气是将煤炭资源通过干馏或水馏转化得到的，其相比于直接燃煤，不仅能够降低生产成本，还能弥补燃煤时污染物排放量大的缺点，亦是一种清洁能源，对于节能减排具有重要意义，但综合性能稍差于天然气。

天然气拌和站相较于燃煤、燃油型拌和站，具有能源消耗低、污染气体排放少的显著优势，公路建设中应大力推广天然气拌和站的使用，逐步淘汰燃煤、燃油型拌和站，评估标准制定的依据为《绿色交通示范工程（公路建设）评价指标》（交节中心发〔2014〕）。

"节能低碳"指标计分标准见表 5-17。

表 5-17　"节能低碳"指标计分标准

一级指标	二级指标	三级指标	计分标准
节能低碳 （20 分）	能源节约 利用 （11 分）	混合料 节能技术 （4 分）	① 温拌沥青路面面积占项目沥青路面总面积的 10% 以上，得 3 分。 ② 路面修补作业采用冷拌冷铺沥青混合料、自黏式沥青路面贴缝带等节能型材料或工艺，得 1 分
		施工节能 措施 （2.5 分）	① 采用节能施工设备，如采用变频技术的设备等，得 1 分。 ② 施工区采用集中供电措施，建设变电设施代替施工区柴油发电，得 1 分。 ③ 合理安排工序，提高机械的使用率和满载率，降低施工设备的单位耗能，得 0.5 分
		节能系统 （4.5 分）	① 采用供配电系统节能技术，得 1 分。 ② 公路照明采用光控、时控及遥感技术相结合的智能控制系统，得 1 分。 ③ 采用 LED 等新型节能灯，得 1 分。 ④ 采用节能型情报板，得 0.5 分。 ⑤ 按照规范要求采用隧道通风智能控制系统，对隧道内废气浓度、气流风速等环境数据和交通量变化情况进行实时监控，得 1 分
	清洁能源 利用 （9 分）	可再生 能源 （4 分）	① 采用太阳能、风能、地热能等可再生绿色能源，得 2 分。 ② 采用可再生绿色能源供电的公路照明设备（公路沿线照明、隧道照明、桥梁照明、服务区照明）比例不小于 15%，得 2 分

一级指标	二级指标	三级指标	计分标准
节能低碳 （20分）	清洁能源 利用 （9分）	天然气 拌和站 （5分）	① 拌和站采用清洁能源代替燃煤、燃油，总分2分，计分规则如下： （a）采用天然气，得2分； （b）采用煤转气，得1分。 ② 天然气拌和站的数量占比，总分3分，计分规则如下： （a）在80%（含）以上，得3分； （b）在50%（含）～80%之间，得2分； （c）在20%（含）～50%之间，得1分； （d）在20%以下，不得分

5）品质建设

品质建设涉及绿色公路发展对公路工程建设水平提升的要求，主要对品质提升、施工标准化、管理标准化和信息化、预防性养护和建设管理新技术进行评估，有利于绿色公路新技术、新材料及新工艺的研发，营造绿色公路建设市场的良性发展环境。

（1）品质提升

在公路建设过程中突出全寿命周期成本理念，积极应用耐久性路面结构、高性能混凝土和钢结构桥梁，与传统公路相比能够显著提高结构使用寿命，有效降低公路运营养护成本，相关内容在《关于实施绿色公路建设的指导意见》（交办公路〔2016〕93号）18条中亦有所体现。

在保证路面交通功能良好的前提下，拓展路面的附加功能，为社会可持续发展提供支撑，修筑更智慧、更舒适、更环保的功能型路面是未来绿色公路的发展方向：可促进道路水循环的排水路面、降低城市热岛效应的降温路面、自主融雪化冰路面以及发电路面等功能型路面。

（2）施工标准化

实施标准化施工，建立标准化施工长效机制，实现工艺标准化和工地标准化，能够有效提升公路施工建设的工程质量，提高工程耐久性，实现工程内外品质的全面提升，同时可有效提高施工作业效率，进而减少不必要的能源、资源消耗。《关于实施绿色公路建设的指导意见》（交办公路〔2016〕93号）是此项指标的评估依据。

（3）管理信息化

① 建设管理信息化

《关于实施绿色公路建设的指导意见》（交办公路〔2016〕93号）中提出要大力推

进建设管理信息化，逐步建立智能联网联控的公路建设信息化管理系统，推进质量检验检测数据实时互通共享技术，促进信息技术在公路建设管理中的应用。建设管理信息化具体是指运用计算机技术对大量的信息进行及时处理，实现高速公路施工动态信息监督控制，及时掌握工程质量状况，动态监管工程质量、进度和安全。建设管理信息化主要涉及施工安全信息管理系统、试验检测信息管理系统和进度计划信息管理系统等的应用。

② 养护管理信息化

养护管理信息化是指运用计算机网络构建公路养护管理系统，建立养护模块系统，实现日常养护巡查、小修工程计划审批、多部门联合验收等的便捷操作，有利于提高公路养护质量和效率，进而影响到整个绿色公路的服务水平，具体包括路面管理系统（CPMS）、桥梁管理系统（CBMS）和隧道管理系统（CHTMS）等。

（4）预防性养护

做好公路预防性养护是控制公路病害、延长公路使用寿命的有效措施，是科学性养护的具体体现，实施公路预防性养护将为延长公路及其附属设施的寿命奠定坚实基础，能够实现绿色公路周期成本的最优配置，故依据《公路养护技术规范》（JTG H10）提出此项评估要求。

（5）建设管理新技术

① 建筑信息模型技术

建筑信息模型技术（BIM 技术）是应用于工程设计、建造、管理的三维数据化技术，可实现项目策划、建设、运行和维护的全生命周期的信息共享和传递，具有可视化、可模拟、可出图等特点。利用 BIM 技术在高精度项目空间场景、模拟设计选线和结构物选型、精细化管理、工程施工组织设计、可视化分析控制工程进度，以及管理信息公开透明等方面的应用，能够实现公路工程的无痕化、智能化建设。《关于实施绿色公路建设的指导意见》（交办公路〔2016〕93 号）中将其列为五大专项行动之一，在今后公路工程建设中将会得到重点发展。

② HSE 管理体系

HSE 是健康（Health）、安全（Safety）和环境（Environment）三位一体的管理体系，突出了预防为主、领导承诺、全员参与、持续改进的科学管理思想，在公路建设管理过程中应用 HSE 管理体系，有助于在公路全寿命周期过程中形成保护环境、节约资源、提高服务水平的良性循环，提高管理效率，从而促进绿色公路发展。

"品质建设"指示计分标准见表 5-18。

表 5-18　"品质建设"指标计分标准

一级指标	二级指标	三级指标	计分标准
品质建设（16分）	品质提升（5分）	长寿命路面（2分）	采用耐久性路面结构、高性能混凝土等技术途径，提高路面使用寿命，得2分
		功能型路面（1分）	在不影响路面正常性能的前提下，应用功能型路面，如排水路面、降温路面、发电路面或融雪化冰路面等，得1分
		精品桥、隧（2分）	① 桥梁采用钢结构，得1分。 ② 隧道采用"零开挖"进洞，得1分
	施工标准化（2分）	工艺标准化（1分）	制定并实施符合项目特点的标准化施工工艺，如工程构件生产工厂化与现场施工装配化等，得1分
		工地标准化（1分）	建设标准化的工地环境，科学布设施工作业区、办公区和生活区，料场、拌和站及运输道路应紧凑集约布局，得1分
	管理信息化（2分）	建设管理信息化（1分）	① 采用质量检验检测数据实时互通共享技术，得0.5分。 ② 采用施工安全信息管理系统、试验检测信息管理系统、进度计划信息管理系统等，得0.5分
		养护管理信息化（1分）	建立公路养护管理系统，应包括路面管理系统（CPMS）、桥梁管理系统（CBMS）和隧道管理系统（CHTMS），得1分
	预防性养护（3分）	预防性养护规划（2分）	① 编制预防性养护规划报告，针对不同路况检测评定情况、养护需求与目标建立预防性养护措施决策方案，得1分。 ② 按照预防性养护规划和养护措施决策方案进行预防性养护设计、施工，有相应检测、设计及施工报告，得1分
		预防性养护技术（1分）	采用微表处、含砂雾封层、碎石封层、薄层罩面、超薄磨耗层等预防性养护技术，得1分
	建设管理新技术（4分）	建筑信息模型技术（3.5分）	应用建筑信息模型（BIM）新技术，实现公路工程全寿命周期的信息共享和传递，仅在设计阶段应用得2.5分，延伸至建设阶段或运营阶段，得3.5分
		HSE管理体系（0.5分）	应用健康（Health）、安全（Safety）和环境（Environment）三位一体的HSE管理体系，得0.5分

6）安全智慧

安全智慧涉及绿色公路发展对交通安全和智慧运营的要求，主要对智能交通系统、安全设施和交通组织等内容进行评估，有助于智能交通系统的推广应用，提高了公路行车的安全性和便利性，使得公路交通始终处于安全、稳定的有序状态。

（1）智能交通系统

智能交通系统是基于交通信息采集、分析决策和发布一体化的，对道路基础设施进行智能化、高效化管控的管理系统，能够实现交通流始终处于安全、稳定的有序运行状态。依据我国当前交通行业的发展情况，提出了包含绿色公路的信息监控公告系统、交通预警系统、ETC 不停车收费系统及车辆超限不停车预检管理系统的评估要求。

（2）交通组织

随着我国公路网的日趋完善，新建公路修建时将频繁面临与既有公路交叉对接的情况，此时交叉路段的施工交通组织就显得尤为重要，其应在不影响正常交通通行和交通安全的前提下，保证公路施工活动的高效进行，同时随着我国公路使用年限的增加，养护任务也逐年增加，为在大中修或改扩建过程中保证道路通行能力、减轻施工对交通产生的干扰、提高施工车辆和社会车辆交通运行安全性，亦需对其施工交通组织进行合理规定。

实施合理的日常交通组织方案、危险品运输管控是绿色公路安全运营的重要内容，建立完善的公路交通事故处理及应急措施预案和完善的特殊天气（雨、雾、冰雪等）交通处理及应急措施预案，健全应急管理体制和机制，有利于控制、减轻和消除公路交通突发事件引起的社会危害，及时恢复公路交通正常运行、保障公路畅通。

"安全智慧"指标计分标准见表 5-19。

表 5-19　"安全智慧"指标计分标准

一级指标	二级指标	三级指标	计分标准
安全智慧（7分）	智能交通系统（2.5分）	多元化系统（2分）	① 采用信息监控公告系统，对主要交通要道及交通疏导节点进行全车道覆盖监控，提供实时动态交通信息，得0.5 分。 ② 采用交通预警系统，依据交通、气象及路况信息判别通行危险状态，制订交通管控措施并传达给道路使用者，得0.5 分。 ③ 采用 ETC 不停车收费设施，建设联网联控的公路不停车收费与服务系统，得 0.5 分。 ④ 采用车辆超限不停车预检管理系统，提前对车辆进行超限预判和分拣，得 0.5 分
		系统维护（0.5分）	制订专门的智能交通系统维护计划，定期做故障排查及系统校准，得 0.5 分

一级指标	二级指标	三级指标	计分标准
安全智慧（7分）	安全设施（1.5分）	安全设施布设（1分）	① 公路护栏、防眩设施及交通标志标线等安全设施配备完善，符合 JTG D81 的规定，得 0.5 分。 ② 施工现场设置完善的安全标识及安全防护措施，得 0.5 分
		安全设施维护（0.5分）	制订有安全设施维护计划，定期进行技术检测，对老化松动的安全设施及时更换，保证清洁完整、功能正常，得 0.5 分
	交通组织（3分）	施工交通组织（1分）	① 合理划定施工作业区范围，并设置施工警示标志，得 0.5 分。 ② 制订合理的施工交通组织方案，得 0.5 分
		日常通行管理（1分）	① 制订日常交通组织方案，实时采集发布路段交通运行情况，保证公路通行顺畅、全线服务水平良好，得 0.5 分。 ② 实施危险品运输管控，具备完善的危险品运输管理方案和危险品处理物资及器材储备库，得 0.5 分
		交通应急管理（1分）	① 建立交通事故处理及应急措施预案，得 0.5 分。 ② 建立特殊天气（雨、雾、冰雪等）交通处理及应急措施预案，设置气象预警机制实施分级交通管制，得 0.5 分

7）服务提升

服务提升涉及绿色公路发展对公路服务功能的拓展情况，主要对人性化服务、绿色公路设施和景观优化部分内容进行评估，增强了公路与公众的互动感，有利于引导公路服务水平向更高层次发展。

（1）人性化服务

① 信息服务

随着移动互联网技术的发展成熟，短信平台、微信、微博等新媒体手段为信息传递提供了更便捷的服务平台，成为人们日常生活不可缺少的信息获取渠道，故公路信息服务系统也应顺应时代潮流，更多依托于新兴自媒体手段，为公路使用者提供公益服务与个性化定制相结合的出行信息服务系统。

② 旅游服务功能

随着自驾车时代的到来，公路已成为消费升级和个性出行的重要基础保障，新时期的出行需求要求公路拓展旅游市场运营的路径，实现公路与旅游的融合。为此，迫切需要拓展公路旅游服务功能，《关于实施绿色公路建设的指导意见》（交办公路〔2016〕93 号）

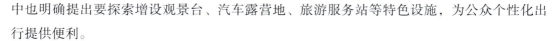

中也明确提出要探索增设观景台、汽车露营地、旅游服务站等特色设施，为公众个性化出行提供便利。

③ ETC 技术应用拓展

基于 ETC 技术深入拓展公路综合服务方式，实现车辆停车、加油、维修、检测等环节的自助服务，能够提高服务效率，并节省人力资源成本，是《关于实施绿色公路建设的指导意见》（交办公路〔2016〕93 号）明确提倡的。

④ 公众满意度

公众满意度是一个以公众为核心、以公众感受为评价标准的概念，是在公众对公路运营管理工作有一定了解的基础上，对公路服务功能的满意程度做出的评价，同时公众满意度调查的反馈意见，对于完善公路服务功能、提升公路运营管理水平具有极大的推动作用，可参考《公路建设项目环境影响评价规范》（JTG B03）5.4 节进行评估。

（2）绿色公路设施

绿色服务区可依据《绿色交通设施评估技术要求 第 2 部分：绿色服务区》中的相关规定单独进行评估，故在此不再进行规定。

① 加气站和充电桩

对天然气加气站及充电桩的布局规划和运行模式进行合理设置，为道路使用者提供便捷快速的加气、充电服务，有利于推动新能源汽车发展，是解决能源危机和环境污染的有效途径，是未来绿色公路建设的发展趋势。《关于实施绿色公路建设的指导意见》（交办公路〔2016〕93 号）中也指出鼓励在公路服务区内设置加气站和新能源汽车充电桩，积极做好相关设备安装的配合工作，为节能减排创造条件。

② 慢行交通

随着社会发展和消费升级，公众出行选择日趋多元化，慢行交通作为一种绿色低碳的出行方式已逐渐为人们所接受，故在绿色公路建设中应鼓励建设慢行交通系统，高速公路、一级公路中应重点做好人行过街设施的建设，二级公路应结合公路旅游服务以及沿线居民出行需求做好慢行交通的建设。

③ 路侧港湾停车带

在合适路段设置路侧港湾停车带有助于释放道路行车者的出行压力，为特殊需要人群提供休憩、汽车修理、补充能源等便捷服务，可有效减少路边停车延阻交通的现象，降低交通事故发生风险，同时能一定程度减少服务区的修建量，实现资源的合理配置利用。

（3）景观优化

① 景观融合

公路工程的线形配合、桥涵形体设计等都会直接影响其融入自然景观的效果，因此

在公路设计中应结合当地自然风光和沿线民俗风情进行合理的美学设计，以增强公路的观赏性。

②景观展现

公路沿线展现出的路域景观是公路景观建设情况的直观体现，通过评估公路建成通车后的路域景观可有效考核公路设计、建设过程景观建设的执行情况，同时《关于实施绿色公路建设的指导意见》（交办公路〔2016〕93号）中指出公路建设要因地制宜，结合沿线自然风光及旅游资源，合理确定设计主题，与沿线自然景观协调统一，使公路本身成为一道风景线。

③景观美化

路域景观需要经常性维护和美化修饰，对视觉美感较差的景观应采取必要措施进行美化修饰，路面整洁度和沿线绿化植物的维护情况则是其具体表现。

"服务提升"指标计分标准见表5-20。

表5-20　"服务提升"指标计分标准

一级指标	二级指标	三级指标	计分标准
服务提升（14分）	人性化服务（5分）	信息服务（1.5分）	①整合公路沿线的地理区位、交通条件和旅游景点等信息，设置指引牌、宣传栏及交通动态公告牌等，得0.5分。②利用短信平台、微信及微博等新媒体手段，构建公益服务与个性化定制相结合的公路出行信息服务系统，得1分
		旅游服务功能（2分）	①风景优美路段设置观景平台及停车区，得1分。②公路沿线设置汽车露营地、旅游服务站等设施，得1分
		ETC技术应用拓展（1分）	实现ETC在停车、加油或检测等环节的应用，推广快捷支付系统，得1分
		公众满意度（0.5分）	对道路使用者进行公路满意度调查，满意度达80%（含）以上，得0.5分
	绿色公路设施（4分）	加气站和充电桩（2分）	①在公路沿线建设天然气加气站，得1分。②在公路沿线建设电车充电桩，得1分
		慢行交通（1分）	合理设置慢行交通系统，得1分
		路侧港湾停车带（1分）	在合适路段设置路侧港湾停车带，得1分
	景观优化（5分）	景观融合（2分）	①路、桥、隧线形设计与自然环境协调，做到线条流畅、视线诱导自然、外观美学修饰良好，得1分。②桥梁、隧道、挡土墙等声屏障等构造物与沿线建筑风格、风土人情协调一致，无突兀感和分离感，得1分

续表

一级指标	二级指标	三级指标	计分标准
服务提升（14 分）	景观优化（5 分）	景观展现（2 分）	① 结合当地的名胜古迹、民俗风情等合理制定公路设计主题，得 1 分。 ② 整体景观融入自然，得 0.5 分。 ③ 绿化树种配置合理、色彩丰富，采用乔木、灌木、地被植物等相互结合的方式，得 0.5 分
		景观美化（1 分）	① 公路路面整洁美观，无积存垃圾、水、冰雪、油类或化工类玷污物等，得 0.5 分。 ② 公路沿线绿化植物生长状况良好、无绿化缺株区域，未超出公路建筑界限，得 0.5 分

3．评估考核

在实际应用过程中依据计分标准计算三级指标项的得分，绿色公路评估的各二级指标实际得分为该指标下设所有三级指标得分之和，各一级指标得分为该指标下设所有二级指标得分之和，绿色公路最终得分为所有一级指标得分之和。当某评估指标满足可不参与评估指标要求时，可申请不参与评估。绿色公路评估的最终得分按实际得分除以适用于待评估公路指标的总分值再乘以 100 分计算。

1）可不参评指标确定

建立的绿色公路评估标准适用于新建、改扩建的二级及以上等级公路绿色评估。该评估指标体系全面系统地涵盖了绿色公路的代表性技术要求，但不同地域、自然环境下或新建与既有公路的建设状况一般存在微小差异，具有相对独立性，故对于某一具体评估对象，标准中列出的评估指标不一定全部适用。如平原地区公路项目不存在隧道相关评估指标，或是新建项目不存在旧路面材料再生相关评估指标等，将造成部分指标不能用于该公路的绿色评估。基于实际情况考虑，确定了受自然环境的可不参评指标项，在评估过程中若有不参评指标，则可直接将其删除，其分值不计入总分。

在进行实际工程评价时，由于不可抗力因素造成评估指标缺失时，申请评估方可据实提出相应指标的不参评申请，由第三方评估机构对不参评指标的申请资料进行审核，最终确定不参评指标。在绿色公路评估标准中由不可抗力因素造成的评估指标缺失情况仅限于以下两方面，一是由于公路所处地域的自然环境造成的评估指标缺失（表 5-21），二是由于新建与既有公路的不同建设特点造成的评估指标缺失（表 5-22）。

表 5-21 受自然环境影响的可不参评指标

三级指标	具体内容
生物及其栖息地 / 生境保护	公路选线避绕自然保护区、连片分布的野生动物栖息地、重要湿地等生态敏感区，无法避绕时必须出具生态环境保护方案
	野生动物出没路段应设置预告、禁止鸣笛等标志，设置符合动物生态习性的通道
水体保护	跨越敏感水体的桥梁基础应采用沉入桩、灌注桩、沉井等桩基形式
	水源保护区内部无沥青混合料及混凝土搅拌站，不堆放或倾倒任何含有有害物质的材料或废弃物
土体保护	冬季除冰雪采用环境友好型融雪剂、微波除雪等环保技术代替传统氯盐型融雪剂
隧道弃渣利用	隧道弃渣综合利用率
节能系统	按照规范要求采用隧道通风智能控制系统，对隧道内废气浓度、气流风速等环境数据和交通量变化情况进行实时监控
精品桥、隧	桥梁采用钢结构
	隧道采用"零开挖"进洞

表 5-22 受公路不同建设特点影响的可不参评指标

三级指标	具体内容
旧路面材料再生	对旧路面材料进行再生利用，如沥青路面再生、水泥路面碎石化再利用等
混合料节能技术	路面修补作业采用冷拌冷铺沥青混合料、自黏式沥青路面贴缝带等节能型材料或工艺
预防性养护规划	按照预防性养护规划和养护措施决策方案进行预防性养护设计、施工，具有相应检测、设计及施工报告
预防性养护技术	采用微表处、含砂雾封层、碎石封层、薄层罩面、超薄磨耗层等预防性养护技术
多元化系统	采用 ETC 不停车收费设施，建设联网联控的公路不停车收费与服务系统

2）评估考核计算

在对评估指标进行考核计分时，首先根据评估方申请确定的不参评指标，直接将其删除，其分值不再计入总分。对三级指标下属具体要求进行逐条对应判断，满足相应计分标准时即可得相应分值，不满足计分标准时则不得分，由此得到绿色公路各三级指标的最终得分，绿色公路相应的一、二级指标得分依据三级指标求和得到。

绿色公路评估最终得分应为各一级指标得分之和，但当存在不参评指标时，部分指标项参评分数发生改变，直接加和计算出适用于该公路评估的剩余参评指标的总分值不足100分。为满足满分100的评价标准，需对已有分数进行换算，根据现实需求提出两种换算方式：一种将不参评指标比重从各指标项分值去除，重新调整各一级指标的权重，按正常评估程序对剩余参评指标进行计分，得出实际得分按重新调整的权重折算出最终得分再进行加和计算，即绿色公路的最终得分为实际得分乘以适用于该公路评估的各项一级指标调整权重后计算加和，见式（5-5）；另一种为按正常评估程序对剩余参评指标进行计分，得出实际得分，最后按百分比折算出最终得分，即绿色公路的最终得分为实际得分除以适用于该公路评估的总分值再乘以100分，见式（5-6）。

$$Q = \sum \frac{A_{i1}}{A_{i2}} \cdot B_i = \frac{A_{11}}{A_{12}} \cdot B_1 + \frac{A_{21}}{A_{22}} \cdot B_2 + \frac{A_{31}}{A_{32}} \cdot B_3 + \frac{A_{41}}{A_{42}} \cdot B_4 + \frac{A_{51}}{A_{52}} \cdot B_5 + \frac{A_{61}}{A_{62}} \cdot B_6 + \frac{A_{71}}{A_{72}} \cdot B_7 \quad （5\text{-}5）$$

$$Q = \frac{\sum B_i}{\sum A_{i2}} = \frac{B_1 + B_2 + B_3 + B_4 + B_5 + B_6 + B_7}{A_{12} + A_{22} + A_{32} + A_{42} + A_{52} + A_{62} + A_{72}} \quad （5\text{-}6）$$

对折算方法进行了试算，并与调整权重的计分方式作了对比，发现两者的计算结果基本相同，未出现明显差异，在满足使用的情况下选择可操作性更强的第二种分数计算方法。最终建立绿色公路评估得分统计表5-23。

表 5-23　绿色公路评估最终得分统计表

一级指标	满分（A_{i1}）	适用分值（A_{i2}）		实际得分（B_i）		不参评指标
绿色理念	8	A_1		B_1		
生态环保	15	A_2		B_2		
资源节约	20	A_3		B_3		
节能低碳	20	A_4		B_4		
品质建设	16	A_5		B_5		
安全智慧	7	A_6		B_6		
服务提升	14	A_7		B_7		
合计总分	100	$\sum A_i$		$\sum B_i$		
最终得分（Q）						

注：绿色公路评估的最终得分按下述公式进行计算：

$$Q = \frac{\sum B_i}{\sum A_i} = \frac{B_1 + B_2 + B_3 + B_4 + B_5 + B_6 + B_7}{A_1 + A_2 + A_3 + A_4 + A_5 + A_6 + A_7}$$

5.3　绿色公路评估案例

为方便读者深入了解绿色公路评估指标体系与评价方法，利用《绿色交通设施评估技术要求 第1部分：绿色公路》（JT/T 1199.1—2018）评估某绿色公路示范工程。该高速公路为双向6车道，绿色公路示范段全长50.28 km，是交通运输部第二批"绿色公路"建设典型示范工程。基于绿色公路评估指标体系及其评分标准，对该高速进行绿色评估。

按照绿色公路评估指标体系及其评分标准对该高速公路进行全寿命周期的绿色评估。最终得分评估结果如表5-24所示，各指标得分详细情况见表5-25~ 表5-31。

表5-24　某高速公路绿色公路示范段评分结果

一级指标	满分（A_{i1}）	适用分值（A_{i2}）		实际得分（B_i）		不参评指标
绿色理念	8	A_1	8	B_1	5.5	—
生态环保	15	A_2	15	B_2	11	—
资源节约	20	A_3	20	B_3	13.5	—
节能低碳	20	A_4	20	B_4	7.5	—
品质建设	16	A_5	16	B_5	14.5	—
安全智慧	7	A_6	7	B_6	5.5	—
服务提升	14	A_7	14	B_7	8.5	—
合计总分	100	$\sum A_i$	100	$\sum B_i$	66	—
最终得分（Q）			66			

注：绿色公路评估的最终得分按下述公式进行计算：

$$Q = \frac{\sum B_i}{\sum A_i} = \frac{B_1 + B_2 + B_3 + B_4 + B_5 + B_6 + B_7}{A_1 + A_2 + A_3 + A_4 + A_5 + A_6 + A_7}$$

由表5-24可知，参评公路的总分为66分，该高速公路示范段总体满足绿色公路的基本要求，其中品质建设效果优异，节能低碳效果欠佳。因此，应进一步引进节能设备、节能设施、节能技术，提高绿色公路修建的低碳化水平，助力碳达峰与碳中和。

表 5-25　"绿色理念" 指标评估得分

一级指标	二级指标	三级指标	计分标准	工程情况	得分
绿色理念（8分）	战略（5.5分）	战略规划（4分）	①实施绿色公路发展计划，基于系统论原理和周期成本思想制定绿色发展计划，施工和养护计划，得0.5分。②确立为省部级绿色公路示范工程，得1.5分。③实施环境影响评价，项目节能评估和环境影响后评价，得1分。④建立节能减排管理体系及考核机制，得1分。	①该项目按照系统论和周期成本思想，坚持全寿命周期，全要素考虑，将绿色公路理念贯穿于项目规划设计，施工建设到运管维护全过程。②交通运输部评为第二批"绿色公路建设典型示范工程"。③撰写每年度，每车能源综合自动检测系统。④成立节能减排工作领导小组，建立监测体系。	4
		专项资金（1.5分）	①有固定的年度经费用于开展绿色公路发展工作，得1分。②推进PPP发展模式，拓宽绿色公路融资渠道，有市场和社会资金注入，得0.5分。	—	—
	文化（2.5分）	培训（2分）	①组织开展绿色公路专项技术咨询，得1.5分。②开展绿色公路培训教育活动，包括绿色设计、绿色施工和绿色养护培训教育等，得0.5分。	①建立了高水平专家库，聘请了技术支撑单位。②定期组织员工和协作队伍学习绿色工地的有关文件精神，做到教育，培训，学习常态化，通过学习培训，大力营造绿色工地工作的良好氛围	1
		宣传活动（0.5分）	开展绿色公路宣传活动，在政府交通网站开辟宣传专栏，组织绿色设计、绿色施工及绿色养护技术等专题交流会，得0.5分	长益扩容公司召开绿色公路贯会，并多次邀请相关专家现场踏勘，进行专题讨论	0.5

193

表 5-26 "生态环保" 指标评估得分

一级指标	二级指标	三级指标	计分标准	工程情况	得分
生态环保（15分）	生态保护（4.5分）	生物及其栖息地/生境保护（1.5分）	① 公路选线避自然保护区、连片分布的野生动物栖息地、重要湿地等生态敏感区，无法避绕时须出具生态保护方案，得 0.5 分。 ② 因地制宜选择绿化物种，多植物易生长、抗逆性强的本地优势物种，外地物种的引入应出具论证方案，得 0.5 分。 ③ 野生动物出没路段应设置预告、禁止鸣笛等标志，设置符合动物生态习性的通道，得 0.5 分。	① 生态选线，绕避乌山森林公园、连片居民区等生态环境敏感区。 ② 针对不同土质路段因地制宜采用不同绿化物种配置方案，路堑、路堤、路堑防护以本地植被被防护为主	1
		生态修复（2分）	① 对工程生态环境影响区域制定专门的生态环境修复方案、修复区域面积，生态环境影响范围按照 JTG B03 执行，得 0.5 分。 ② 挡墙、浆砌护坡、石质边坡等防护工程在下部栽植植物或在顶部栽植垂枝藤本植物，得 0.5 分。 ③ 施工现场应符合 JGJ 146 的规定，对施工现场及驻地产生的废弃物进行无害化处理，处理率应达到 100%，得 0.5 分。 ④ 将公路沿线绿化工程、动物通道等列入日常养护计划中，具有完善的养护方案，得 0.5 分。	① 制定文物资源保护措施，防止水土流失措施。 ② 上边坡客土喷播，下边坡植草防护。 ③ 编制材料使用及余料回收处理制度，在工地设置废料回收区，对废料进行集中处理	1.5
		植被恢复效果（1分）	① 边坡及隧道洞口等均有绿化覆盖，无光充裸露现象，得 0.5 分。 ② 平原区绿化栽植成活率 ≥ 95%，山区绿化栽植成活率 ≥ 90%，寒冷草原区及沙、碱、干旱区绿化栽植成活率 ≥ 80%，得 0.5 分。	① 项目取消边坡圬工防护，制定经济、环保、绿色、安全的上边坡客土喷播，下边坡植草防护方案	0.5

续表

一级指标	二级指标	三级指标	计分标准	工程情况	得分
生态环保（15 分）	水土环境保护（3.5 分）	水体保护（2 分）	①采用保护水体的施工及管理技术，施工污废水具有合理的处理措施，得 0.5 分。②跨越敏感水体的桥梁基础应因地制宜采用沉入桩、灌注桩、沉井等桩基形式，得 0.5 分。③水源保护区内部无沥青混凝土搅拌站及混凝土搅拌site，不堆放或倾倒任何含有害物质的材料或废弃物，得 0.5 分。④设置沉淀池对混凝土搅拌排水、隧道施工排水、桥梁基础施工泥浆水及临近敏感水体的路面径流等进行处理，得 0.5 分	①梁体压浆采用全套智能循环压浆机，水泥浆可循环利用。②桩基础施工采用泥浆钻渣分离工艺，重复高效使用泥浆，钻渣等废弃物运离现场，集中处理，减少环境污染。③化学品存放处及污物排放采取隔离措施，施工现场要设置隔油池、化粪池等。④设置沉淀池	2
	空气环境保护（5 分）	土体保护（1.5 分）	①针对裸地表制定永久性和临时性防护工程措施，得 0.5 分。②取弃土场根据原占地类型采取绿化工程或复耕措施，临近水域的弃渣场有效设置拦挡措施，得 0.5 分。③冬季除冰雪采用环境友好型融雪剂、微波除雪等环保技术代替传统氯盐型融雪剂，得 0.5 分	①对裸露面采取及时整治或防护措施。②施工结束后及时对施工场地进行复垦，对弃土、弃渣地进行绿化防护	0.5
		污染气体排放控制（2 分）	①采用温拌沥青混合料减排技术、热拌沥青混合料减排技术，降低沥青烟、硫氧化合物等有毒气体的排放量，得 1 分。②施工机械、拌和楼等尾气排放均应达标，符合 GB 20891 的要求，得 1 分	②项目所有进出场车辆及机械设备有害气体排放均符合国家车检要求；电焊烟气的排放符合现行国家标准	1

195

续表

一级指标	二级指标	三级指标	计分标准	工程情况	得分
生态环保（15分）	空气环境保护（5分）	扬尘控制（2分）	①石灰、粉煤灰等粉体材料封闭存储，运输时采取遮盖、洒水等防尘措施，得1分。②现浇混凝土及建筑砂浆处须采用预拌混凝土及预拌砂浆，施工现场、料场及施工便道适时洒水降尘，得1分	①运输土方车辆覆盖处理；对易产生扬尘的堆放材料采取覆盖措施；对粉末状材料封闭存放。②在与现有路面交叉口及居民区附近布置雾炮机并采取增加洒水车及洒水频率控制扬尘保护环境；隧道采用高压移动式雾状洒水装置	2
		场站布置（1分）	①有污染气体排放的拌和站、发电站、堆料场等设施应设立在施工季节中敏感区主导风向下风侧，得0.5分。②搅拌场（站）距居民区等敏感区的距离不小于300 m，沥青混合料拌和站距敏感区的距离不小于200 m，得0.5分	①沥青混凝土拌和站设在当地主导风向下风向一侧。②砼搅拌厂、油库、沥青仓库、沥青拌和站距离居民点大于300 m	1
	声光环境保护（2分）	声污染防治（1分）	①施工期间合理组织安排强噪声辐射机械的施工时间、施工方式，得0.5分。②公路中心线两侧各200 m范围内的居民区、学校、医院等噪声敏感点处噪声满足GB 3096的要求，得0.5分	①采取增加隔离围挡、淘汰老旧、噪声大的施工机械，严格控制噪声污染。②距离居民区150 m以内的工程，限定施工时间，固定使用的机械安置在距居民点150 m以外的场地	1
		光污染防治（1分）	①夜间施工照明应控制照度并加设灯罩，控制辐射向夜空和公路界外的照明光束，透光方向集中在施工范围，得0.5分。②因地制宜控制照明设施的照度，不干扰道路沿线生态环境及居民正常生活，得0.5分	①夜间室外照明加设灯罩，透光方向中在施工范围	0.5

表 5-27　"资源节约"指标评估得分

一级指标	二级指标	三级指标	计分标准	工程情况	得分
资源节约（20分）	土地资源节约、集约利用（5分）	土地占用（3分）	①统筹利用通道资源，得0.5分。②充分利用荒地、废弃地、劣质地布线，避让基本农田、减少沿线居民拆迁安置，无耕地超占现象，得0.5分。③公路施工中收集保存表土资源用于造地复耕，得0.5分。④共沟架设通信、供电、监控系统等的管线电缆，并布置在公路用地范围内，得0.5分。⑤因地制宜采用低路堤和浅路堑方案，得0.5分。⑥制定式高填路堤与桥梁、深挖路堑整与隧道分离式路基等的论证比选方案，得0.5分	①根据路线沿线区域及城市发展规划，与城市规划道路公用同一走廊带资源。②合理选线、布线，绕避基本农田，无法绕避时采用桥梁方式穿越。③表土、淤泥等耕植土用于边坡绿化、临时用地（耕地）及弃土场表层（互通区内）绿色恢复	1.5
		土石方填挖（1分）	①纵断面设计讲究均衡，尽量做到填挖平衡，得0.5分。②公路用土分类开挖，利用开挖的原土回填路基，得0.5分	①施工图设计阶段严格执行"零弃方"，改进土石方调配。②表土用于全线取、弃土场后期复垦；淤泥敷设于填方边坡	1
		临时用地控制（1分）	①严格控制施工临时用地，利用荒地、废弃地或服务区等永久性征地作为施工临时用地，得0.5分。②临时用地借用结束后恢复其原有功能，临时设施拆除后，原农业用地必须复耕，复耕率应达到100%，得0.5分	①集中拌和场和试验室建在标头K4+300红线外已经平整好的荒地上，大大减少临时土地征用；施工横向便道时，尽量利用已有的黄桥大道、普端大道和X075县道。②施工时的临时占地待施工完毕后进行收复；未用完耕植土结合沿线当地国土部门耕地复垦指标需求，作为资源提供给国土部门相关单位，由组织进行复垦，创造性地实现耕植土100%利用	1

197

续表

一级指标	二级指标	三级指标	计分标准	工程情况	得分
资源节约（20分）	水资源节约、集约利用（3分）	排蓄水工程（1.5分）	①排、蓄水工程一体设计，配备蓄水设施收集路面径流，得1分。②排水工程与天然水系相协调，得0.5分	①细化公路排水系统设计，利用还塘区、互通区等，对全线桥面和路径面径流集中收集，集中存储。②排水系统结合原有水系、植物，营造小型绿色景观	1.5
		污水处理与利用（1分）	①公路施工时配有污水处理设施，对施工废水、生活污水进行二次利用，得0.5分。②公路清洗作业优先采用再生水，并依据路面尘土量、天气情况（温度、湿度、风力）等合理确定清洗用水量，得0.5分	①现场设置三级沉淀池，施工用水经沉淀检测合格后用于现场养护施工，道路洒水养护余下的剩余水滴入养护水沟汇流至沉淀池循环利用。②喷洒道路采用再生水，现场按规定配备洒水车每日定时根据天气情况洒水降尘，设置专人负责并记录	1
		节水措施（0.5分）	施工机具、生活用水设施等采用节水技术或措施，无漏水现象，得0.5分	施工和生活区的所有供水均采用分路供水计量，箱梁养护设备采用全能喷淋系统	0.5
	节材与材料循环利用（12分）	可循环材料利用（5分）	采用粉煤灰、煤矸石、矿渣及废旧轮胎等工业废料或建筑垃圾等替代一部分筑路材料，总分5分。根据RMU的值进行积分，RMU按照下式计算：$$RMU = \frac{m_r}{m} \times 100\%$$ 式中 RMU——可循环材料使用率；m_r——全部可循环材料总质量（kg）；	生产水泥稳定碎石再生集料24万吨，资源化利用建筑垃圾20.8万吨，该项目路面基层、底基层的水泥稳定碎石使用量共约为160万吨，建筑垃圾在路面基层、底基层的循环利用率约为13%	—

续表

一级指标	二级指标	三级指标	计分标准	工程情况	得分
资源节约（20分）	节材与材料循环利用（12分）	可循环材料利用（5分）	m——全部同类用途材料总质量（kg）。 具体计分规则如下： （a）60%（含）以上，得 5 分； （b）50%（含）～ 60% 之间，得 4 分； （c）40%（含）～ 50% 之间，得 3 分； （d）30%（含）～ 40% 之间，得 2 分； （e）20%（含）～ 30% 之间，得 1 分； （f）20% 以下，不得分		—
		旧路面材料再生（4分）	对旧路面材料进行再生利用，如沥青路面再生、水泥路面碎石化再利用等，按利用率不同划分为 5 个等级，总分 4 分。根据 ROP 的值进行积分，ROP 按照下式计算： $$ROP = \frac{m_0}{m_a} \times 100\%$$ 式中 ROP——旧路面材料再生利用率； 　　　m_0——旧路面材料再生利用质量（kg）； 　　　m_a——旧路面材料总质量（kg）。 具体计分规则如下： （a）95%（含）以上，得 4 分； （b）80%（含）～ 95% 之间，得 3 分； （c）65%（含）～ 80% 之间，得 2 分； （d）50%（含）～ 65% 之间，得 1 分； （e）50% 以下，不得分	通过云中科技自主创新并领先全国的建筑固废再生技术，对这些废旧路面材料进行 100% 资源化利用	4

绿色公路概论

续表

一级指标	二级指标	三级指标	计分标准	工程情况	得分
资源节约（20分）	节材与材料循环利用（12分）	隧道弃渣利用（1.5分）	隧道弃渣综合利用率达80%（含）以上，得1.5分；60%（含）～80%间，得1分；40%（含）～60%间，得0.5分；在40%以下，不得分	一部分洞渣用至路基清淤回填，纵向便道）填筑及构造物台背回填，剩余部分采用自建碎石场与当地采石场合作代加工的方式，实现隧道洞渣100%利用	1.5
		材料存储（0.5分）	搭建专用材料棚用于存放水泥、沥青、细砂石料等筑路材料，得0.5分	设置6个储料仓，可存料约22000 t，能满足拌和站2天的使用量，储料仓顶棚料采用轻型钢结构，满足受力、防风、防雨、防雪等要求	0.5
		新型材料（1分）	采用新型材料，如聚合物水泥混凝土、高强轻质混凝土、生物沥青等，得1分	在钢结构桥梁上应用新型防腐材料石墨烯，涵洞中采用新防水材料聚氨酯防水胶；桥梁立柱施工中采用环保型清水混凝土脱模剂	1

表5-28 "节能低碳"指标评估得分

一级指标	二级指标	三级指标	计分标准	工程情况	得分
节能低碳（20分）	能源节约利用（11分）	混合料节能技术（4分）	①温拌沥青路面面积占项目沥青路面总面积的10%以上，得3分。②路面修补作业采用冷拌冷铺沥青混合料、自黏式沥青路面贴缝带等节能型材料或工艺，得1分	—	—
		施工节能措施（2.5分）	①采用节能施工设备，如采用变频技术的设备等，得1分。②施工区采用集中供电措施，建设变电设施代替施工区柴油发电，得1分	①项目根据自身特点，优先使用国家、行业推荐的节能、高效、环保的施工设备和机具	1.5

200

续表

一级指标	二级指标	三级指标	计分标准	工程情况	得分
节能低碳（20分）	能源节约利用（11分）	施工节能措施（2.5分）	③合理安排工序，提高机械的使用率和满载率，降低施工设备的单位能耗，得0.5分	③制定《大型施工机械运行管理及维保制度》、《机械设备管理制度》等文件，优化机械设备配置，提高机械设备的利用率	1.5
		节能系统（4.5分）	①采用供配电系统节能技术，得1分。②公路照明采用光控、时控及遥感技术相结合的智能控制系统，得1分。③采用LED等新型节能灯，得1分。④采用节能型情报板，得0.5分。⑤按照规范要求采用隧道通风智能控制系统，对隧道内废气、气流风速等环境数据和交通量变化情况进行实时监控，得1分	①供配电系统节能技术。②照明智能控制系统。③采用LED照明灯具。⑤隧道通风节能技术	4
	清洁能源利用（9分）	可再生能源（4分）	①采用太阳能、风能、地热能等可再生绿色能源，得2分。②采用可再生绿色能源供电的公路照明设备（公路沿线照明、隧道照明、桥梁照明、服务区照明）比例不小于15%，得2分	①服务区设计过程中积极推进建筑保温、清洁能源、再生能源、节能通风与自然光采光等技术的应用。②采用太阳能爆闪灯	2
		天然气拌和站（5分）	①拌和站采用清洁能源代替燃煤、燃油，总分2分，计分规则如下：（a）采用天然气，得2分；（b）采用煤转气，得1分。②天然气拌和站的数量占比，总分3分，计分规则如下：	—	—

续表

一级指标	二级指标	三级指标	计分标准	工程情况	得分
节能低碳（20分）	清洁能源利用（9分）	天然气拌和站（5分）	（a）在80%（含）以上，得3分；（b）在50%（含）~80%之间，得2分；（c）在20%（含）~50%之间，得1分；（d）在20%以下不得分	—	—

表5-29　"品质建设" 指标评估得分

一级指标	二级指标	三级指标	计分标准	工程情况	得分
品质建设（16分）	品质提升（5分）	长寿命路面（2分）	采用耐久性路面结构、高性能混凝土等技术途径，提高路面使用寿命，得2分	运用UHPC超高性能混凝土，提高桥面耐久性	2
		功能型路面（1分）	在不影响路面正常性能的前提下，应用功能型路面，如排水路面、降温路面、发电路面或融化冰路面等，得1分	PAC-13排水沥青路面九标共铺筑5 478 m，铺筑面积为16.89万平方米	1
		精品桥、隧（2分）	①桥梁采用钢结构，得1分。②隧道采用"零开挖"进洞，得1分	①金岭路高架桥、金朝路高架桥和第三合同段的留家山大桥的上部采用π形多组梁钢-混组合结构。②隧道洞口零开挖，采用生态袋绿化洞门，减少了工程施工对自然环境的影响	2
	施工标准化（2分）	工艺标准化（1分）	制定并实施符合项目特点的标准化施工工艺，如工程构件生产工厂化与现场施工装配化等，得1分	钢结构工厂化制造；通涵装配式施工；预制构件工厂化生产加工	1

续表

一级指标	二级指标	三级指标	计分标准	工程情况	得分
品质建设（16分）	施工标准化（2分）	工地标准化（1分）	建设标准化的工地环境，科学布设施工作业区，办公区和生活区，料场，拌和站及运输道路应签表集约布局，得1分	梁场、拌和站、钢筋加工棚三集中设置	1
	管理信息化（2分）	建设管理信息化（1分）	①采用质量检验检测数据实时互通共享技术，得0.5分。②采用施工安全信息管理系统、试验检测信息管理系统、进度计划信息管理系统等，得0.5分	①基于BIM模型将已有的软件系统与试验检测数据联网软件，工艺监测，隐蔽工程数据采集，远程视频监控等智能监控设备采集数据集成应用。②建立基于BIM的质量管理安全管理等子系统	1
		养护管理信息化（1分）	建立公路养护管理系统（CPMS）、桥梁管理系统（CBMS）和隧道管理系统（CHTMS），得1分	开发基于移动互联网的公路桥梁养护管理平台系统	1
	预防性养护（3分）	预防性养护规划（2分）	①编制预防性养护规划报告，针对不同路况检测评定情况，养护需求与目标建立预防性养护措施决策方案，得1分。②按照预防性养护规划和养护措施决策方案进行预防性养护设计、施工，具有相应检测、设计及施工报告，得1分	②设置检修通道，提高日常监测维修的便利与安全性	1
		预防性养护技术（1分）	采用微表处、含砂雾封层、碎石封层、薄层罩面、超薄磨耗层等预防性养护技术，得1分	首创橡胶沥青路面就地热再生养护工艺	1

续表

一级指标	二级指标	三级指标	计分标准	工程情况	得分
品质建设（16分）	建设管理新技术（4分）	建筑信息模型技术（3.5分）	应用建筑信息模型（BIM）新技术，实现公路工程全生命周期的信息共享和传递，仅在设计阶段应用得2.5分，延伸至建设阶段或运营阶段得3.5分	该项目在全线开展BIM建模工作，从设计、建设管理、运营养护，全过程、全方位、全天候综合应用基于BIM技术的信息化管理手段	3.5
		HSE管理体系（0.5分）	应用健康（Health）、安全（Safety）和环境（Environment）三位一体的HSE管理体系，得0.5分	—	—

表5-30 "安全智慧"指标评估得分

一级指标	二级指标	三级指标	计分标准	工程情况	得分
安全智慧（7分）	智能交通系统（2.5分）	多元化系统（2分）	①采用信息监控公告系统，对主要交通要道及交通疏导节点进行全车道覆盖监控，提供实时动态交通信息，得0.5分。②采用交通预警系统，依据交通、气象及路况信息判别通行危险状态，制订交通管控措施并传送给通道使用者，得0.5分。③采用ETC不停车收费设施，建设联网联控的公路不停车收费与服务系统，得0.5分。④采用车辆超限不停车预检系统，提前对车辆超限进行预判和分练，得0.5分	①路侧智能感知，实现交通事故的实时监测和车道级定位，通过云控平台与高速交警数据打通。②通过与云计算、大数据、人工智能等技术融合，实现对每段线路、每辆车和每个结构物的全面精准掌握，无需提前操作手机即可自动接收前方车辆路况信息。③安装ETC不停车收费系统。④安装高速公路入口治超称重系统	2
		系统维护（0.5分）	制订专门的智能交通系统维护计划，定期进行故障排查及系统校准，得0.5分	—	—

204

续表

一级指标	二级指标	三级指标	计分标准	工程情况	得分
安全智慧（7分）	安全设施（1.5分）	安全设施布设（1分）	①公路护栏，防眩设施及交通标志标线等安全设施配备完善，符合 JTG D81 的规定，得 0.5 分。②施工现场设置完善的安全标识及安全防护措施，得 0.5 分	①在交通管制及分流路段设置相应的交通标志标牌、反光锥、导向牌等交通设施。②施工路段设置警示标志、反光锥、水马和太阳能爆闪灯等交通设施，交通安全员穿安全防光背心	1
		安全设施维护（0.5分）	制订有安全设施维护计划，定期进行技术检测，对老化松动的安全设施及时更换，保证清洁完整、功能正常，得 0.5 分。	每天进行巡视检查并及时更换损坏的交通设施	0.5
	交通组织（3分）	施工交通组织（1分）	①合理划定施工作业区范围，并设置施工警示标志，得 0.5 分。②制订合理的施工交通组织方案的，得 0.5 分。	①划定施工作业区范围对各匝道做适当封闭；施工路段设置警示标志，夜间施工开启太阳能导向灯。②制订施工路段车辆绕行预案	1
		日常通行管理（1分）	①制订日常交通组织方案，实时采集案发布路段交通运行情况，保证公路通行顺畅，全线服务水平良好，得 0.5 分。②实施危险品运输管控，具备完善的危险品运输管理方案和危险品处理物资及器材储备，得 0.5 分	—	—
		交通应急管理（1分）	①建立交通事故处理及应急措施预案，得 0.5 分。②建立特殊天气（雨、雾、冰雪等）交通处理及应急措施预案，设置气象预警机制并实施分级交通管制，得 0.5 分	①针对不同类型车辆制订相应的施救措施，制订应急措施预案。②安装雾天行车安全诱导装置，保障雾天行车安全，制订应急措施预案	1

表 5-31 "服务提升"指标评估得分

一级指标	二级指标	三级指标	计分标准	工程情况	得分
服务提升（14分）	人性化服务（5分）	信息服务（1.5分）	①整合公路沿线的地理区位、交通条件和旅游景点等信息，设置指引牌、宣传栏及交通动态公告牌等，得0.5分。②利用短信平台、微信及微博等新媒体手段，构建公益服务与个性化定制相结合的公路出行信息服务系统，得1分	②构建出行信息服务体系	1
		旅游服务功能（2分）	①风景优美路段设置观景平台及停车区，得1分。②公路沿线设置汽车露营地、旅游服务站等设施，得1分	①计划利用观音岩互通入口处空地，设置社会停车场	1
		ETC技术应用拓展（1分）	实现ETC在停车、加油或检测等环节的应用，推广快捷支付系统，得1分	ETC在停车等环节的应用	1
		公众满意度（0.5分）	对道路使用者进行公路满意度调查，满意度达80%（含）以上，得0.5分	道路使用者对项目出行便利、道路平坦通畅、沿线视野开阔、生态环境优美等给予了一致好评，满意度达90%以上	0.5
	绿色公路设施（4分）	加气站和充电桩（2分）	①在公路沿线建设天然气加气站，得1分。②在公路沿线建设电车充电桩，得1分	②建设充电桩	1
		慢行交通（1分）	合理设置慢行交通系统，得1分	—	—

续表

一级指标	二级指标	三级指标	计分标准	工程情况	得分
服务提升（14 分）	绿色公路设施（4 分）	路侧港湾停车带（1 分）	在合适路段设置路侧港湾急停车带，得 1 分	填挖交界处设置港湾式紧急停车带	1
	景观优化（5 分）	景观融合（2 分）	①路、桥、隧线形设计与自然环境协调，路、桥、隧线形设计与自然环境协调，做到线条流畅、视线诱导自然、外观美学修饰良好，得 1 分。②桥梁、隧道、挡土墙、声屏障等构造物与沿线建筑风格、风土人情协调一致，无突兀感和分离感，得 1 分	①线形设计与周围环境相协调。②桥梁下部设计成通透性较好的矩形墩和花瓶墩；隧道洞口采用生态袋绿化洞门，互通三角区内、排水系统结合原有水系，植物造景，营造小型绿色景观，贯彻绿色高速设计理念	2
		景观展现（2 分）	①结合当地的名胜古迹，民俗风情等合理制定公路设计主题，得 1 分。②整体景观融入自然，得 0.5 分。③绿化树种配置合理，色彩丰富，采用乔木、灌木、地被植物等相互结合的方式，得 0.5 分	①针对益阳地区独特的旅游资源和自然景观，加强收费站、互通立交的景观绿化设计，塑造优美自然的高速公路沿线景观	1
		景观美化（1 分）	①公路路面整洁美观，无积存垃圾、水、冰雪、油类或其他污物等，得 0.5 分。②公路沿线绿化植物生长状况良好、无绿化缺株或死苗、未超出公路建筑界限，得 0.5 分	—	—

参考文献

［1］　张正一. 绿色公路评估指标与方法研究［D］. 西安：长安大学，2018.

［2］　中国公路学会，交通运输部科学研究院. 中国绿色公路研究与展望（2018）［M］. 北京：人民交通出版社，2018.

［3］　中华人民共和国行业标准. 绿色交通设施评估技术要求 第1部分：绿色公路：JT/T 1199. 1—2018［S］. 北京：人民交通出版社，2018.

［4］　江西省高速公路投资集团有限责任公司，中国公路学会. 绿魂·匠心 铸典范：江西省广吉高速公路绿色公路建设技术与实践［M］. 北京：人民交通出版社，2019.

［5］　王随原，徐建，黄颂昌. 绿色公路建设与评价［M］. 北京：人民交通出版社，2017.

［6］　张正一，王朝辉，张廉，等. 中国绿色公路建设与评估技术［J］. 长安大学学报（自然科学版），2018，38（5）：76-86.

［7］　中华人民共和国地方标准. 绿色公路评价标准：DB53/T449—2013［S］. 北京：人民交通出版社，2013.

［8］　中华人民共和国地方标准. 绿色公路建设指南：高速公路 第3册 绿色公路评价标准：DB36/T 535. 3—2020［S］. 北京：人民交通出版社，2020.

［9］　中华人民共和国国家标准. 绿色建筑评估标准：GB/T 50378—2019［S］. 北京：中国建筑工业出版社，2019.

［10］　交通运输部公路司. 新理念公路设计指南［M］. 北京：人民交通出版社，2005.

［11］　交通运输部公路司. 绿色公路建设技术指南［M］. 北京：人民交通出版社，2019.

［12］　王新岐，张廉，王朝辉，等. 绿色公路评估指标体系研究［J］. 筑路机械与施工机械化，2016，33（11）：34-38.

［13］　曾伟，赵建雄，王朝辉，等. 绿色公路评估现状与发展［J］. 筑路机械与施工机械化，2016，33（11）：29-33.

［14］ 李刚. 广扩绿色 吉聚匠心 砥砺前行［DB/OL］.（2018-11-08）［2021-10-16］https：//www. doc88. com/p-9925010720340. html?r=1.

［15］ KIBERT C J. Sustainable Construction：Green Building Design and Delivery［M］. 3rd Edition，John Wiley & Sons，2012.

［16］ 王武生. 绿色公路建设理念在长益高速公路扩容工程中的应用［J］. 中外公路，2019，39（1）：299-302.

［17］ 黄金美. 长益高速的绿色扩容［J］. 中国公路，2019，（14）：62-65.

［18］ 郭乔明，李千友，严飞. 路"长"青山绿水间：广昌至吉安高速公路绿化工作纪实［J］. 交通建设与管理，2018（4）：74-77.

［19］ 文佳，方圆，何芝娇，等. 浅析武易高速公路路域文化景观设计策略［J］. 中外建筑，2017，（11）：132-135.

［20］ 王虹霁. 江苏省绿色公路评价体系研究［D］. 南京：东南大学，2019.

［21］ 易列斯. 绿色公路评价指标体系与评价方法研究［D］. 重庆：重庆交通大学，2019.

绿色公路概论

附录　中国绿色公路发展涉及的相关政策及其文件、规划

序号	政策相关文件、规划名称	发布日期	发布者
1	公路工程节能管理规定（试行） （交体法发〔1997〕840号）	1997-12	交通部
2	交通建设项目环境保护管理办法 （交通部令2003年第5号）	2003-05-03	交通部
3	关于印发在公路建设中实行最严格的耕地保护制度的若干意见 （交公路发〔2004〕164号）	2004-04-06	交通部
4	关于印发交通行业树立和落实科学发展观指导意见 （交规划发〔2005〕131号）	2005-03-30	交通部
5	关于印发进一步加强山区公路建设生态保护和水土保持工作的 指导意见的通知（交公路发〔2005〕441号）	2005-09-23	交通部
6	关于印发建设节约型交通指导意见的通知 （交规划发〔2006〕140号）	2006-04-05	交通部
7	关于交通行业全面贯彻落实国务院关于加强节能工作的决定的 指导意见（交政法发〔2006〕592号）	2006-10-25	交通部
8	交通运输行业公路水路环境监测管理办法	2008-06-25	交通运输部
9	公路、水路交通实施《中华人民共和国节约能源法》办法 （交通运输部令2008年第5号）	2008-07-16	交通运输部
10	关于印发公路水路交通节能中长期规划纲要的通知 （交规划发〔2008〕331号）	2008-08-29	交通运输部
11	关于印发资源节约型环境友好型公路水路交通发展政策的 通知（交科技发〔2009〕80号）	2009-02-26	交通运输部
12	关于公布《公路环境保护设计规范》（JTG B04—2010）的 公告（交通运输部公告2010年第12号）	2010-05-27	交通运输部
13	关于印发《建设低碳交通运输体系指导意见》和 《建设低碳交通运输体系试点工作方案》的通知 （交政法发〔2011〕53号）	2011-02-21	交通运输部
14	关于印发公路水路交通运输节能减排"十二五"规划的通知 （交政法发〔2011〕315号）	2011-06-21	交通运输部

续表

序号	政策相关文件、规划名称	发布日期	发布者
15	关于印发公路水路交通运输环境保护"十二五"发展规划的通知（交规划发〔2012〕315号）	2012-01-13	交通运输部
16	关于加快推进公路路面材料循环利用工作的指导意见（交公路发〔2012〕489号）	2012-09-27	交通运输部
17	关于印发《加快推进绿色循环低碳交通运输发展指导意见》的通知（交政法发〔2013〕323号）	2013-05-22	交通运输部
18	关于科技创新推动交通运输转型升级的指导意见（交科技发〔2013〕540号）	2013-09-18	交通运输部
19	关于交通运输行业贯彻落实《2014—2015年节能减排低碳发展行动方案》的实施意见（交办法〔2014〕110号）	2014-06-05	交通运输部
20	关于全面深化交通运输改革的意见（交政研发〔2014〕242号）	2014-12-31	交通运输部
21	关于当前更好发挥交通运输支撑引领经济社会发展作用的意见（发改基础〔2015〕969号）	2015-05-07	国家发展改革委
22	关于印发交通运输科技"十三五"发展规划的通知（交科技发〔2016〕51号）	2016-03-16	交通运输部
23	关于印发交通运输节能环保"十三五"发展规划的通知（交规划发〔2016〕94号）	2016-05-31	交通运输部
24	关于推进公路钢结构桥梁建设的指导意见（交公路发〔2016〕115号）	2016-07-13	交通运输部
25	关于推动积极发挥新消费引领作用加快培育形成新供给新动力重点任务落实的分工方案（发改规划〔2016〕1553号）	2016-07-13	国家发展改革委
26	关于实施绿色公路建设的指导意见的通知（交办公路〔2016〕93号）	2016-08-01	交通运输部
27	关于打造公路水运品质工程的指导意见的通知（交安监发〔2016〕216号）	2016-12-23	交通运输部
28	绿色交通标准体系（2016年）（交办科技〔2016〕191号）	2016-12-30	交通运输部
29	关于实施第二批绿色公路建设典型示范工程的通知（交办公路函〔2017〕5号）	2017-01-11	交通运输部

序号	政策相关文件、规划名称	发布日期	发布者
30	关于印发"十三五"现代综合交通运输体系发展规划的通知（国发〔2017〕11号）	2017-02-03	中共中央、国务院
31	关于印发推进交通运输生态文明建设实施方案的通知（交规划发〔2017〕45号）	2017-04-14	交通运输部
32	关于实施第三批绿色公路建设典型示范工程的通知（交办公路函〔2017〕552号）	2017-05-05	交通运输部
33	关于印发"十三五"交通领域科技创新专项规划的通知（国科发高〔2017〕121号）	2017-06-07	科技部、交通运输部
34	关于组织开展旅游公路示范工程建设的通知（交办公路〔2017〕149号）	2017-11-01	交通运输部
35	关于全面深入推进绿色交通发展的意见（交政研发〔2017〕186号）	2017-11-27	交通运输部
36	农村公路建设管理办法	2018-05-08	交通运输部
37	关于全面加强生态环境保护 坚决打好污染防治攻坚战的实施意见（交规划发〔2018〕81号）	2018-07-10	交通运输部
38	交通强国建设纲要	2019-09-19	中共中央、国务院
39	关于推动交通运输领域新型基础设施建设的指导意见（交规划发〔2020〕75号）	2020-08-06	交通运输部
40	关于加快建立健全绿色低碳循环发展经济体系的指导意见（国发〔2021〕4号）	2021-02-22	中共中央、国务院
41	国家综合立体交通网规划纲要	2021-02-25	中共中央、国务院
42	"十四五"规划纲要	2021-03-15	中共中央、国务院
43	关于"十四五"大宗固体废弃物综合利用的指导意见（发改环资〔2021〕381号）	2021-03-18	国家发展改革委
44	关于巩固拓展交通运输脱贫攻坚成果全面推进乡村振兴的实施意见（交规划发〔2021〕51号）	2021-06-04	交通运输部

序号	政策相关文件、规划名称	发布日期	发布者
45	"十四五"循环经济发展规划 （发改环资〔2021〕969号）	2021-07-01	国家发展改革委
46	交通运输标准化"十四五"发展规划 （交科技发〔2021〕106号）	2021-11-15	交通运输部、国家标准化管理委员会等
47	综合运输服务"十四五"发展规划 （交运发〔2021〕111号）	2021-11-18	交通运输部
48	"十四五"现代综合交通运输体系发展规划 （国发〔2021〕27号）	2021-12-09	国务院
49	绿色交通"十四五"发展规划 （交规划发〔2021〕104号）	2022-01-21	交通运输部
50	公路"十四五"发展规划 （交规划发〔2021〕108号）	2022-01-29	交通运输部
51	交通领域科技创新中长期发展规划纲要（2021—2035年） （交科技发〔2022〕11号）	2022-03-25	交通运输部、科学技术部
52	"十四五"交通领域科技创新规划 （交科技发〔2022〕31号）	2022-04-08	交通运输部、科学技术部
53	"十四五"公路养护管理发展纲要 （交公路发〔2022〕46号）	2022-04-26	交通运输部